아르스 모리엔디로 아르스 비벤디 읽기

아르스 모리엔디로 아르스 비벤디 읽기

2025년 8월 25일 초판 인쇄
2025년 8월 30일 초판 발행

지은이 | 문시영
교정교열 | 정난진
펴낸이 | 이찬규
펴낸곳 | 북코리아
등록번호 | 제03-01240호
전화 | 02-704-7840
팩스 | 02-704-7848
이메일 | ibookorea@naver.com
홈페이지 | www.북코리아.kr
주소 | 13209 경기도 성남시 중원구 사기막골로 45번길 14
      우림2차 A동 1007호
ISBN | 979-11-94299-60-8 (03230)

값 12,000원

* 본서의 무단복제를 금하며, 잘못된 책은 구입처에서 바꾸어 드립니다.

아르스 모리엔디로
아르스 비벤디
읽기

Reading Ars Viendi
through Ars Moriendi

문시영 지음

북코리아

메멘토 모리, 잘 살아야 잘 죽는다

memento mori. 이 문장에서 'mori'는 죽음을 뜻하는 라틴어 어근 'mor'에서 왔습니다. 'mors' 및 'mort-' 등의 변형을 볼 수 있습니다. "죽음을 기억하라" 혹은 "죽음이 있다는 것을 기억하라" 정도로 옮길 수 있겠습니다. 잘 알려진 이 문장은 죽음에 대한 섬뜩한 경고라기보다 삶의 자세에 관한 것이라고 하겠습니다. 그 배경이라고 전해지는 로마의 개선 행진에서 겸손을 일깨우는 이야기라고도 합니다. 삶과 죽음이 긴밀하게 연결되어 있으며, 죽음을 준비하는 자세로 살아가야 한다는 교훈을 담고 있는 셈입니다.

현대 죽음학에서 빼놓을 수 없는 인물인 필리프 아리에스(Philippe Ariès)는 이렇게 말했습니다. "행복하게 죽기 위해서는 사는 법을 알아야 하고, 행복하게 살기 위해서는 죽는 법을 알아야 한다." 이 문장은 죽음에 대한 성찰의 중요성과 필요성을 일깨워주는 것 같습니다. '좋은 죽음'이란 무엇이며 어떻게 사는 것이 좋은 삶인가에 대한 성찰 말입니다. '인간이란 죽는 존재(man is mortal)'라는 명제에서 예외일 수 없는 현대인에게도 여전히 요청되는 과제라고 하겠습니다.

―――

제목을 『아르스 모리엔디로 아르스 비벤디 읽기』(Reading Ars Viendi through Ars Moriendi)라고 정한 데는 나름의 이유가 있습니다. '아르스 모리엔디(Ars moriendi)'는 죽음의 기예(技藝) 혹은 죽음의 예술이라는 라틴어로서, 중세의 팬데믹에서 모든 죽음에 성직자가 임종을 집례하기 어려운 정황을 고려하여 펴낸 임종 지침서를 뜻합니다. '아르스 비벤디(Ars vivendi)'는 삶의 기예 혹은 삶의 예술쯤 되겠군요. 죽음의 문제에 대한 성찰을 통해 삶을 성찰하자는 취지에서 이렇게 제목을 붙여보았습니다.

참고로, 중세의 임종 지침서 아르스 모리엔디가 소책자였다는 점을 패러디하여 손에 잡히는 문고판으로 펴내고 싶었습니다. 하지만 뜻은 결코 작지 않습니다. 죽음문학 장르가 되어버린 아르스 모리엔디의 본질을 회복하기 위해 내러티브 윤리와의 만남을 시도했습니다. 아르스 비벤디를 위해서 말입니다. 특별히, 이 문고판을 읽게 될 청춘들에게는 아스르 모리엔디에 대한 호기심도 없을 만큼 살아갈 날이 더 많다는 점에서, 죽음에 대한 성찰로 삶을 위한 성찰을 읽어내도록 시도해보았습니다.

왜 하필 '6' 챕터인지? 답은 단순명료합니다. 팀티칭 과목에서 보건의료 분야 교수님과 제가 절반씩 맡게 되었습니다. 인문학 분야의 이야기들을 집약적으로 풀어내야 하는 입장이어서 6주간 강의에 해당하는 몫을 '6' 챕터로 구성했습니다. AI가 그럴싸한 아이디어를 주는군요. 주사위가 6면인 것처럼 안정된 숫자, 제6의 감각(sixth sense)을 뜻하는 영화제목에서처럼 특별한 의미를 지닌다고 할 수 있다네요. 말이 나온 김에, 이 책을 집필하면서 독자 여러분과 호흡을 맞추기 위해 AI와의 대화를 시도하며 노력했음을 말씀드리고 싶군요. 아르스 모리엔디가 기독교적 배경을 지닌 것이

어서 '삶과 죽음에서의 그리스도인다움'이라는 정체성을 지키는 동시에, AI의 도움을 받아 문화적 소통을 시도한 셈입니다.

다시 돌아와서, 정말 중요한 것은 '6' 챕터 안에서 삶과 죽음의 윤리를 충분하고도 바르게 풀어내는 것 아닐까요? 그 핵심은 이것입니다. '잘 살아야 잘 죽는다.' 메멘토 모리의 교훈을 새삼 되풀이하려는 것이 아니라, 하나의 적극적 해석을 제시하려는 취지입니다. 이러한 뜻에서 이 책은 제가 쓴 논문 「『고백록』의 내러티브 윤리와 그리스도인의 자서전」(『기독교와 문화』 23집/2025)을 확장적으로 풀어낸 것이기는 하지만, 전반적으로 새롭게 집필하려 노력했다는 사실임을 밝혀둡니다.

고대 그리스 철학자들은 "사는 것이 중요한 것이 아니라 잘 사는 것이 중요하다"고 말했지요. "삶은 죽음의 연습"이라고도 했습니다. "사람은 살아온 대로 죽는다"는 말도 있습니다. 이러한 교훈들을 엮으면, 메멘토 모리의 교훈을 '잘 살아야 잘 죽는다'는 뜻으로 풀어낼 수 있을 것 같습니다. 이 책에서는 이러한 교훈들을 참고하면서도 '삶과 죽음에서의 그리스도인다움'의 문제를 성찰하고자 했습니다.

이 주제에 관심을 가지도록 이끌어주신 (재)에덴낙원

이사장 곽요셉 목사님께 이 자리를 통해 감사의 인사를 드립니다. 에덴낙원과 새세대아카데미가 '복음의 증인됨'을 위해 사역할 수 있기를 기대해봅니다. 아울러, 부족한 원고를 좋은 책으로 만들어주신 북코리아 이찬규 대표께도 감사를 드립니다. 이것으로 프롤로그를 대신해도 될 것 같네요.

2025년 여름
저자

차례

메멘토 모리, 잘 살아야 잘 죽는다   5

01 아르스 모리엔디, 아르스 비벤디   11
02 중세, 임종 순간이 중요하다   35
03 루터, 인생 전체가 중요하다   57
04 내러티브 윤리를 만나다   79
05 잘 죽기 위한, 아르스 모리엔디   103
06 잘 살기 위한, 아르스 비벤디   127

부록: 에덴낙원 이야기   151
참고문헌   163

01

아르스 모리엔디, 아르스 비벤디

이런 말이 있습니다. "ars vivendi ars moriendi est(삶의 기예는 죽음의 기예이다)." 소프트웨어 회사, 호텔, 그리고 여행사 이름 등으로 여러 분야에 다양하게 쓰이고 있는 '아르스 비벤디'는 오늘날 기업들에서 사용하는 그런 말이 아니었습니다. 라틴어로 '삶의 기예' 혹은 '삶의 예술'이라는 말에서 왔습니다. 독립적으로도 사용할 수 있지만, '죽음의 기예'라는 뜻의 '아르스 모리엔디'와 밀접하게 연관됩니다. 아르스 모리엔디라는 용어는 '임종 안내 지침서'로서, 중세에 페스트가 창궐하여 많은 사람이 죽어갈 때 모든 임종의 순간에 성직자가 동행할 수 없던 정황에서 나왔습니다. 프랑스에서 만들어진 이 지침서는 소책자로 제작되어 보급되었고, 점차 여러 언어로 번역되어 확산되었습니다. 직관적인 이해를 위한 목판본 그림책도 크게 유행했습니다. 이후 임종의 순간에서만 천국과 지옥이 결정되는 것이 아니라 일생을 살면서 선을 행하는 것이 중요하다는 뜻이 담겼습니다. 삶의 기예를 뜻하는 아르스 비벤디가 등장한 배경입니다.

바라기는, 이 책을 읽는 청춘들이 죽음에 관한 성찰을 통하여 삶의 가치와 미래에 대한 꿈을 발견할 수 있기를 기대해 봅니다. 청춘이야말로 삶과 죽음에 관한 바른 인식과 가치관을 세워야 할 인생의 황금기라고 할 수 있기 때문입니다.

아르스 모리엔디는 중세에 시작된 임종 지침서였습니다. 임종하는 당사자 및 임종 조력자들에게 임종의 순간에 해야 할 지침들을 제시한 것이 그 내용이었습니다. 오늘날의 뜻으로 해석하면, 임종의 매뉴얼 정도 되겠습니다. 하지만 임종 지침서라는 소책자를 뜻하는 데 그치지 않습니다. '좋은 죽음'을 위한 가이드를 제공하는 것이었다고 할 수 있겠습니다. 다시 설명해드릴 기회가 있겠지만, 모두가 기독교인이었던 중세 유럽에서는 임종하는 순간에 구원이 결정된다고 생각하는 경향이 있었던 것 같습니다.

아르스 비벤디는 '삶의 기예 혹은 예술'이라는 뜻을 가지고 있습니다. 임종 순간의 중요성에 주목했던 아르스 모리엔디에서 파생했습니다. 임종 순간에 신앙을 지키는 것이 중요하지만, 점차 살아생전에 어떤 삶을 살았는가 하는 점도 중요하게 생각하게 된 것이라고나 할까요? 평소에 선행을 하고 바르게 살아야 그 보상으로 천국에 갈 수 있다는 생각으로 연결된 것이라고 할 수 있겠습니다.

그 배경에는 '메멘토 모리'에 대한 관심이 포함되어 있습니다. '죽음이 있음을 기억하라'는 뜻을 가진 이 문구는 로마에서 개선 행진을 할 때, 행렬의 뒤쪽에서 노예에게 외치게 했다고 합니다. 승리에 도취하기 쉬운 순간, 죽음을 기억하고 겸손하라는 교훈을 준다는 취지였던 것 같습니다. 특히, 아르스 비벤디는 메멘토 모리와 밀접하게 연결하여 읽을 수 있는 요소인 것 같습니다.

죽음에 대한 교훈을 담고 있는 라틴어가 또 하나 있습니다. '죽음의 두려움'을 뜻하는 '티모르 모르티스(timor mortis)'입니다. 이것은 고대 그리스로부터 이어져온 문제의식입니다. 헬라 시대를 지나 아우구스티누스(Aurelius Augustinus)는 이 주제를 기독교의 관점에서 풀어냈습니다. 그에 따르면, 죽음의 두려움은 자연적 감정이자 이해할만한 부분이지만, 부활의 소망으로 죽음의 두려움을 이겨내야 한다고 권했습니다.

이렇게 보면, 'ars moriendi' - 'memento mori' - 'timor mortis'로 이어지는 라틴어 문구에 '죽음(mor)'이라는 단어가 어근처럼 사용됩니다. 이 표현들을 하나로 엮어서 말하면, 이렇게 됩니다. 인간은 죽음을 피할 수 없는 존재로서 죽음에 대한 두려움을 지니고 있지만 죽음의 본질에 대한 올바른 이해, 그리고 죽음을 대하는 바른 태도와 가치관의 확립을 통해 삶의 모든 과정을 마치 예술처럼 살아내야 할 과제를 지니고 있습니다.

생각해보면, 모두에게 삶과 죽음의 기예가 필요하지만, 청춘들에게는 더욱 절실합니다. 죽음이 멀리 있다고 생각하기 쉬운 시기이지만, 그럴수록 바른 삶에 대한 성찰과 실천이 절실하기 때문입니다. 청춘들에게 가치 있는 삶을 위한 성찰이 더 많아지면 좋겠습니다. "사람은 살아온 대로 죽는다"는 격언처럼, 청춘의 시간을 의미 있게 성찰하며 지내는 것은 정말 중요하기 때문입니다.

아르스 모리엔디의 현대판이라고 할 수 있는 '웰다잉(well-dying)'에 대한 관심이 커지고 있는 초고령사회[1]에서 삶과 죽음에 대한 바른 가치관은 필수이기도 하고 무척이나

---

[1] "65세 이상 인구 20% 넘었다 … 대한민국 '초고령사회' 진입", 〈연합뉴스〉 2024년 12월 24일자. https://www.yna.co.kr/view/AKR20241224063351530(검색일: 2024.12.28)

절실합니다. 아르스 모리엔디와 아르스 비벤디가 중세의 기독교적 연원을 지니고 있다는 점에서 보면, 이렇게 표현할 수 있겠습니다. 삶과 죽음에서의 '그리스도인다움'의 문제가 더욱 중요해지고 있다고 말입니다.

예를 들어, '죽음의 공적 관리'라는 명분으로 '조력자살' 합법화에 대한 요청이 더욱 거세질 것으로 예상됩니다. 이 문제에 대한 윤리학적 내지는 신학적 찬반 논변이 필요하겠지만,[2] 그보다 더 중요한 것은 삶과 죽음에서의 그리스도인다움에 대한 성찰이라고 하겠습니다. 그리스도인다움에 대한 관점이 정립되어야 조력자살 문제를 비롯한 여타의 논의들을 바르게 풀어낼 수 있을 것이기 때문이지요.

아르스 모리엔디는 이 문제에 관한 의미 있는 통찰을 줍니다. 임종을 위한 가이드 책자였다는 뜻에서인지, 최근에는 출판 분야에서 관심을 보이고 있습니다. '죽음문학'이라는 장르를 들어보셨습니까? 원래는 성직자들이 제정한 것이어서 성직자들이 계승할 것 같지만, 다양한 저자들에 의해 여러 책이 출판되고 있습니다. 『죽음을 배우다: 아르스

---

[2] "국민의 76%, 안락사 혹은 의사조력자살 입법화에 찬성", 〈서울대병원 뉴스〉, 2022년 5월 4일자. http://www.snuh.org/m/board/B003/view.do?bbs_no=5880(검색일: 2024.12.28)

모리엔디』(*The Art of Dying*)처럼, 직접적으로 아르스 모리엔디를 표방하는 출판물이 많아졌습니다. 『헤아려본 슬픔』(*A Grief Ovserved*)도 여기에 넣을 수 있겠군요.

어느덧 그 영역이 개방되어 기독교와는 무관한 여러 저술이 출판시장에서 주목을 받고 있습니다. 『모리와 함께한 화요일』(*Tuesdays with Morrie*)처럼, 아르스 모리엔디라는 표현을 기독교의 맥락에서 사용하지 않으면서도 죽음을 성찰하는 경우들이 많아지고 있는 것 같습니다. 스타일도 다양하여 일대기, 대담집 및 성찰을 위한 내용 등으로 폭넓게 나타나고 있습니다.

죽음문학 외에도 오늘날에는 '웰다잉 활동' 전반을 지칭한다고 할 수 있습니다. 죽음학, 죽음윤리, 죽음준비교육을 비롯한 다양한 분야로 확산하고 있기 때문이지요. 그래서인지 뜻이 달라지고 있는 것 같습니다. 예를 들어, "예술에 담긴 아르스 모리엔디를 읽어낸다"고 하는 경우, 소책자 임종 지침서가 아닌 죽음에 관한 태도를 뜻한다고 하겠습니다. 이처럼 '아르스 모리엔디'를 표방하는 많고도 다양한 경우들을 보면서, 과연 아르스 모리엔디의 본질은 무엇이며 그 현대적 재론은 어떤 것이어야 하는지 묻게 됩니다.

참고로, 임종 지침서의 형식이 개신교에 전승되지 못한

아쉬움에서 현대적 발간을 제안하는 경우도 있습니다.[3] "개신교 교리와 성서적 죽음관을 제시하면서도 중세의 아르스 모리엔디를 발췌·수용하여 한국 개신교의 임종 준비를 돕는 실천적 매뉴얼"이 필요하다는 주장[4]에 일정한 설득력이 있어 보입니다. 특히, 요양병원이나 호스피스 시설 등에서 성직자가 임종에 조력할 수 없는 경우 등에서 필요한 부분이기는 하지요.

하지만 임종 지침서의 현대 '개신교 버전'에 대한 요청은 적실성(relevancy)이 떨어져 보입니다. 우선, 단행본 출판 문제가 간단하지 않습니다. 공동체적 권위를 지닌 지침서를 발간하기 위해서는 '성서공회'처럼 별도의 '공회'를 조직하여 연합사업으로 추진해야 하는 과제일 수 있습니다. 또한, 교단별로 제정되어 있는 예식서가 상당 부분을 다루고 있다는 점에서 소책자 임종 지침서를 오늘의 맥락에서 재현하려는 것은 실효성에 문제가 있어 보입니다.

아르스 모리엔디가 중세의 소책자였다는 점에서 출판

---

[3] 박정근, "중세 후기 아르스 모리엔디와 루터의 개혁: 중세 아르스 모리엔디 문헌과 루터의 『죽음 준비의 설교』를 중심으로", 「한국교회사학회지」 64, 2023, 45-84.

[4] 박정근, "독일 경건주의의 기원 요한 아른트의 아르스 모리엔디", 「한국교회사학회지」 65, 2023, 61-89.

영역을 우선적으로 고려해야 할 것 같지만, 초고령사회에서 웰다잉을 위한 모색으로서 죽음준비교육 및 죽음학 혹은 생사학에서 다양하게 논의되고 있다는 점도 놓쳐서는 안 됩니다. 중세적 소책자에 집착하기보다 '삶과 죽음을 아우르는 성찰' 내지는 '죽음 준비를 위한 성찰'로 범위를 확장해야 하는 것은 아닐까요? 말하자면, 아르스 모리엔디가 오늘날의 웰다잉을 위한 모든 활동의 유래라고 보아야 할 것 같습니다.

물론, 중세 이전의 고대 그리스 철학자들에게서도 '잘 살고 잘 죽는 법'에 관한 이야기들을 찾아볼 수 있습니다. 다만, 본격적인 용어 사용에서 중세적 연원을 지니고 있다는 점에 대해, 그리고 기독교적 맥락에서 유래한 것이라는 점에 주목할 필요가 있습니다. 아르스 모리엔디에 대한 이야기에서 기독교를 자주 혹은 필수로 언급하게 되는 이유를 충분히 헤아려주시기를 부탁드립니다.

현대적 의미의 '아르스 모리엔디'는 더 이상 중세의 그것이 아닙니다. 중세 페스트 시기에 소책자 임종 지침서와

목판본을 통한 확산으로 시작된 아르스 모리엔디에 대한 관심은 오늘날 다양한 영역으로 확장되고 있기 때문입니다. 출판의 영역에서는 물론이고 죽음학, 죽음윤리 등의 학술연구에서 죽음준비교육을 중심으로 하는 웰다잉 활동 전반으로 다양하게 확장되고 있습니다.

이렇게 확장적으로 논의되고 있는 배경에는 '의생명과학기술 시대'에 맞이한 '초고령사회'라는 매트릭스가 자리 잡고 있습니다. 다시 살펴보겠지만, '사전연명의료의향서(AD: Advance Directive)'를 작성하는 것 자체로 웰다잉 활동이 되고 있습니다. 웰다잉지도사, 웰다잉상담사 등의 자격증 과정이 운영되는 현상도 이러한 흐름과 연관됩니다. 죽음과 연명치료의 중단이 연결된 영역이라고 하겠습니다.

'글쓰기'에서도 아르스 모리엔디의 중요한 변화를 볼 수 있습니다. 그리스도인을 위한 임종 지침서를 뜻했던 아르스 모리엔디는 성직자가 쓰고 평신도가 읽는 형식이었습니다. 그러나 현대사회에서는 종교와 무관하게 다양한 집필자들이 참여하는 죽음에 관한 문학 장르로 자리 잡고 있습니다. 이러한 현상에는 양면성이 있습니다. 아르스 모리엔디의 지평 확장이라는 점에서는 긍정적입니다. 하지만 그리스도인을 위한 임종 지침서로 출발한 아르스 모리엔디가 기독교적 정체성과 무관하게 흘러가고 있다는 점은 아쉬운 부분입니다.

어쨌든, 중세의 아르스 모리엔디가 현대사회에서 '웰다잉' 활동 전반으로 확장된 것만큼은 분명해 보입니다. 어찌 보면, 웰다잉이란 '넓은 의미에서의 아르스 모리엔디'라고 할 수 있을 것 같습니다. '메멘토 모리'의 존재, 즉 우리 앞에 죽음이 있다는 사실을 기억해야 할 존재로서 인간의 보편적 과제가 초고령사회에서 더욱 절실하게 다가오고 있다는 뜻일 듯싶군요.

그리고 아르스 모리엔디의 연원 자체가 그리스도인다움의 문제와 직결된다는 점에서, 오늘날의 아르스 모리엔디를 위한 고민에 '죽음에서의 그리스도인다움'을 위한 성찰이 절실하다고 하겠습니다. 죽음학에서, 죽음준비교육에서, 죽음윤리에서, 나아가 웰다잉 활동 전반에 '죽음에서의 그리스도인다움'을 추구해야 한다는 뜻입니다. 특히, 웰다잉의 유래이자 연원인 중세 아르스 모리엔디 자체가 그리스도인으로서의 죽음을 위한 문제의식에서 비롯되었다는 사실을 놓치지 말아야겠습니다.

죽음에서의 그리스도인다움을 모색하는 과정에서 놓치지 말아야 할 것이 있습니다. 아르스 모리엔디와 아르스 비벤디의 상호연관성이 그것입니다. 그리스도인으로서, 그리스도인답게 죽음을 맞이하는 것은 임종의 순간에만 적용되어야 할 과제가 아니기 때문입니다. 삶의 모든 과정에서 추구해야 할 과제입니다. 이러한 뜻에서, 그리스도인답게 잘 죽는 것은 그리스도인답게 잘 사는 문제와 불가분의 관계에 있습니다.

아르스 모리엔디와 아르스 비벤디에서 라틴어 '아르스(ars)'는 어떤 경우에는 'art'로, 어떤 경우에는 'craft'로 번역되는 말이라는 점에서 기술, 예술 혹은 기예 등으로 옮길 수 있습니다. 중요한 것은 그 용어 자체가 일상적 내지는 성찰이 없는 수준의 접근과는 다르다는 사실입니다. 그리스도인의 경우에 적용하자면, 그리스도인다움이 구현될 수 있어야 '아르스'에 해당한다고 할 수 있겠습니다. 삶과 죽음에서 그리스도인다움을 구현할 때, 그리스도인의 아르스 모리엔디와 아르스 비벤디라고 할 수 있기 때문입니다.

돌이켜보면, 한동안 '웰빙(well-being)'의 시대였습니다.

그러다가 어느덧 '웰다잉(well-dying)'의 시대가 되었습니다. 그렇다고 해서 웰빙에 대한 관심 자체가 사라졌다는 뜻은 아니지요. 웰다잉과 연결되어 시너지를 추구하는 것이라고 해야겠지요. 사전연명의료의향서를 작성한다고 해서 죽음의 문제에만 국한된 관심사라고 할 수 없는 이유입니다. 오히려 삶과 죽음을 포괄적으로 아우르는 그리스도인다움의 추구로 이어져야 할 것 같습니다.

이러한 뜻에서 '아르스 모리엔디 + 아르스 비벤디'의 조합을 추구해야 할 것 같습니다. 그리스도인으로서 죽음에 관해서만이 아니라 삶의 모든 과정에서 복음의 증인이 되기 위한 고민과 실천이 필요하다는 이야기입니다. 왜냐하면, 그리스도인은 삶과 죽음의 모든 과정에서 복음의 증인이 되어 하나님께 응답해야 할 책임을 지닌 존재이기 때문입니다. 아르스 모리엔디와 복음의 만남을 말하는 본질적인 이유가 여기에 있습니다.

―――

응용해볼까요? 앞에서 언뜻 다룬 '사전연명의료의향서'를 작성하는 것도 그중 하나입니다. 안락사 혹은 존엄사라고 포장하는 경우도 있지만, 개념이 완전히 다릅니다. 말기 환자의 경우, 혈액투석을 비롯한 '연명의료'를 중지하고 죽음을 담담히 맞이하겠다는 의향서를 작성한다는 뜻입니다. 생각해보면, 의향서를 작성하는 것 자체로 삶과 죽음에 대한 중요한 선언이라고 하겠습니다.

우리나라에서는 「웰다잉법」(호스피스·완화의료 및 임종과정 환자의 연명의료 결정 법률: 2016년 통과, 2018년 시행)을 계기로 '죽음'에 대한 관심이 커졌습니다. 특히, 연명치료 중단 및 호스피스 완화치료의 문제는 '죽음의 준비'라는 명분으로 상조서비스 마케팅으로까지 연계되고 있습니다. 전체적으로 보면, '웰다잉'은 특정한 영역의 이슈라기보다 일종의 문화적 변화의 아이콘이라고 할 수 있겠습니다.

무엇보다 중요한 이슈는 자기결정권 문제입니다. 연명치료를 스스로 '선택'할 수 있게 했다는 사실이 그것입니다. 돌이켜보면, 1997년 '보라매병원 사건', 2009년 '김 할머니 사건' 등이 우리나라의 경우로 기억할만한 일들입니다. 찬반 논변을 포함하여 오랜 논의 끝에 연명치료 중단에 대한 법제화가 이루어졌다는 점에서,[5] 우리 사회에서 죽음에 대

---

5   이와 관련하여 다음 책을 참고하기 바란다. 새세대윤리연구소 편, 『존엄

한 인식의 변화가 나타나고 있다고 말해도 좋겠습니다.

주의해야 할 것이 있습니다. 그렇다고 해서 마치 '존엄사'를 권하는 것처럼 생각하면 안 됩니다. 존엄사라는 말 자체도 조심스러운 부분입니다. 존엄사 혹은 안락사가 아니라 '연명의료 중단'이라고 해야 합니다. '연명의료'란 "심폐소생술, 인공호흡기, 혈액투석, 그리고 항암제 투여"를 지칭하며, 웰다잉은 이러한 종류의 연명의료를 중단하는 것을 뜻합니다. 처음부터 연명의료를 받지 않는 경우도 있고, 진행해왔던 연명의료를 중단하는 경우도 있습니다.

대부분 여기까지는 알고 있다고 하더라도 수분과 영양공급을 중단해서는 안 된다는 사실에 대해서는 간과하기 쉽습니다. 하지만 이것이 정말 중요한 부분이라는 점을 강조해두고 싶습니다. 이것을 좀 더 풀어서 설명하려면, 웰다잉을 존엄사라고 하지 말아야 하는 이유와 맞물립니다. '안락사(euthanasia) 허용'이라고 오해해서는 안 된다는 점이 정말 중요하고도 핵심적인 포인트입니다.

그리고 '안락사'라는 말도 그렇게 간단한 것이 아닙니다. 현대사회에서는 '편안한 죽음'이라는 그리스 어원과는

사, 교회에 생명의 길을 묻다』, 북코리아, 2009.

다른 방식으로 안락사를 설명하려는 경향을 보이고 있는 것 같습니다. 존엄한 죽음을 뜻하는 것처럼 사용하는 경향이 그것입니다. 각별히 주의해야 할 부분인데, 그런 뜻이 아니기 때문입니다. 더구나 연명치료 중단과는 완전히 다르다는 점에 유의해야겠습니다. 안락사는 '개념의 규정'보다 '방식의 구분' 내지는 '세분화된 설명'이라 하는 것이 옳을 듯싶습니다.

안락사를 구분하는 기준이 있습니다. '환자 의지에 따라', '시술 방식에 따라'입니다.[6] 환자 또는 가족의 의지를 기준으로 하면 자의적(voluntary) 안락사, 비자의적(non-voluntary) 안락사, 반자의적(involuntary) 안락사로 구분됩니다. 나치의 유대인 학살은 반자의적 안락사입니다. 비자의적 안락사는 의지를 확인할 수 없는 경우입니다. 자의적 안락사에는 사전승낙(고지된 승인, informed consent) 또는 사망선택유언(생전유언, living will)이 요청됩니다.

그리고 환자의 의지 외에 시술 방식을 기준으로 안락사를 구분하는 것도 중요한데, 적극적(active) 안락사와 소극적(passive) 안락사를 구분해야 합니다. 의료적 수단 사용 및 미

---

6   문시영, 『생명윤리의 신학적 기초』, 성남: 긍휼, 2012, 146-151.

사용의 차이가 그것입니다. 적극적 안락사는 약물 투여 등 적극적인 시술을 통한 안락사를 말합니다. 소극적 안락사는 엄밀히 말하면 '치료행위의 중단'에 가깝다고 해야 할 것 같습니다. 미국에서 문제가 되었던 죽음의 의사(Dr. Death) 커보키언(Jack Kevorkian) 사건은 '의사조력자살(physician assisted suicide)'이라는 또 다른 개념을 추가합니다. 적극적 안락사라고도 할 수 있지만, 환자와 의사가 함께 환자를 죽이는 행위라고 하겠습니다.

웰다잉, 즉 연명치료 중단은 어디에 해당할까요? 이는 안락사가 아닙니다. '제한된 의미의 소극적 안락사'라고 주장하는 경우도 있지만, 연명치료 중단이라고 하는 것이 가장 정확할 것 같습니다. 연명의료 중단이라는 것도 간단한 말은 아닙니다. '심폐소생술 중지', '인공호흡기 제거', '수액/영양공급 중지', '투약 중단', '수혈 중단', '투석 중단' 등 행위의 특성에 따라 치료중단의 종류가 구분됩니다.[7]

연명치료 중단에서 물과 영양공급을 중지해서는 안 된

---

7   치료 대상에 따라서도 구분된다. 예를 들면, '신생아 중환자의 치료 중단', '연명 환자 치료 중단' 등 그 대상에 따라 구분된다. '치료' 개념 자체도 달라지고 있다. 건강회복이라는 뜻을 넘어서 '병의 악화 속도를 늦추는 것'이나 '죽지 않게 함'까지 포함된다.

다는 점은 무척이나 중요합니다. 프랑스에서는 안락사를 허용하지 않는 대신에 음식물과 물의 공급 튜브를 제거하거나 그와 동시에 다량의 진정제를 지속적으로 투입하는 경우도 있다고 합니다.[8] 가장 바람직한 것은 연명의료 중단을 호스피스 완화의료와 연관 짓는 것입니다. 말기 환자(terminal patient)를 위한 대안으로 다루어지는 호스피스 프로그램은 죽음을 준비하게 하며 인간 존엄이 존중되는 삶의 마감을 돕는 과정이라고 하겠습니다.[9]

죽음을 인식하며 살아가야 한다는 것의 중요성은 아무리 강조해도 지나치지 않습니다. 문제는 오늘의 사회와 우리의 삶에서 죽음을 말하는 것 자체를 달가워하지 않는 경향이 나타난다는 사실입니다. 프랑스의 사학자 겸 저널리스트 아리에스는 '끝나지 않은 이야기', '길들여진 죽음', 그리

---

[8] "존엄한 죽음일까, 강요된 아사일까: 뱅상 랑베르의 죽음을 둘러싼 판결, 그리고 프랑스의 국민적 논쟁", 〈오마이뉴스〉 2019년 5월 7일자.

[9] 연명치료 중단에 관해서는 다음 책을 참고하기 바란다. 문시영, 『죽음의 두려움을 이기는 세븐 게이트』, 성남: 북코리아, 2019. 특히, 19-48쪽의 내용을 발췌하여 요약했음을 밝혀둔다.

고 '금지된 죽음' 등의 호기심을 자극하는 표현들을 동원하여 다루었습니다. 중요한 통찰이 담겨있는 것 같습니다. 번역서가 출판된 시점에 많은 분들이 리뷰를 달았던 이 책을 새삼 재론하려는 데는 나름의 이유가 있습니다. '메멘토 모리' 자체가 끝날 수 없는 이야기라는 점에서 새삼스러운 관심과 소환이 연속되는 것이 좋겠습니다.

아리에스에 따르면, '메멘토 모리'를 요청하는 죽음에 대한 인식은 시대와 문화에 따라 그 방식이 달라졌습니다. 유럽, 그리고 기독교 문화를 바탕으로 접근한 아리에스는 죽음에 대한 인식이 어떻게 변화되어왔는지를 진단합니다. '길들여진 죽음(중세)', '자신의 죽음(중세 후기)', '타인의 죽음(근세)'에 이어 현대사회에서는 '금지된 죽음'으로 나타난다는 관점입니다. (이 표현들은 번역서를 기준으로 적용했음을 밝혀둡니다.)

우선, 중세 초기의 죽음은 공적·사회적인 사실이었습니다. 혹은 공동체적 사건이었습니다. 아리에스가 '길들여진 죽음'이라고 부른 것은 죽음을 친밀하게 여기고 공동체 전체가 참여하는 사건으로 생각한 데서 비롯된 것 같습니다. 특히, 기독교 신앙공동체에서 공유하는 영생의 약속을 굳게 믿었으며 부활을 소망하는 죽음이었습니다. 무덤 또한 일상에 속했을 정도로 죽음과 친밀해진 특징을 보여줍니다.

이후, 중세 후기에 들어서면서 페스트의 창궐은 죽음에 대한 두려움을 증폭시킨 요인이었을 것 같습니다. 이 시기에 '아르스 모리엔디'라는 임종 지침서가 소책자 형태로 출판되고 직관적인 이해를 돕는 목판본으로 널리 퍼져나갔습니다. 모두의 임종에 사제가 참여하기 어려운 경우를 위한 지침서였습니다. 아리에스의 표현대로 '자신의 죽음'에 대한 관심으로 전환되는 과정을 보여줍니다.

'타인의 죽음'으로 인식이 전환된 것은 바로크 및 낭만주의 시대였습니다. 미학을 전공하신 분이 아리에스에 대한 이해를 돕기 위해 해석한 것처럼, 해부학이 인기였던 바로크 시대에는 죽음을 두려워하면서도 시체와 그 관능성을 은밀하게 추구하는 모순적 태도가 나타났습니다. 또한 낭만주의 시대에는 죄와 죽음을 연결 짓는 기독교 신앙이 아닌 낭만주의 수사학을 통해 죽음의 두려움에 대처하려는 경향이 나타났다고 해석하기도 합니다.

그렇다면, 과연 낭만주의 이후 우리는 죽음의 두려움을 떨쳐낸 것일까요? 아리에스가 죽음의 역사를 살펴본 것도 나름대로 의의가 있지만, 정작 관심을 두었던 것은 현대사회의 죽음 이해에 대해 문제를 제기하려던 것이 아닐까 싶네요. 죽음을 금기시하고 죽음을 추방하는 경향에 대한 아리에스의 통찰이 가장 빛나는 지점은 현대인과 현대사회가 죽음을 대하는 방식 혹은 죽음을 축소하고 추방하려는 관점에 이의를 제기한 부분입니다.

아리에스는 현대인은 죽음의 두려움에 대응하기보다 망각·생략·축출하기 위해 죽음을 '터부'로 삼는다고 진단합니다. 죽음과 관련하여 중세에 목회자가 담당했던 자리에 현대사회에서는 의사가 대신하여 서 있습니다. 이러한 '죽음의 의료화'에 문제를 제기하면서 죽음 자체가 사회제도를 통해 은닉되어 병원에서 몇 명의 가족, 심지어 가족도 없이 '처리'되고 있음을 일깨워주는 아리에스의 통찰에 주목해야 할 이유입니다.

현대사회에서 죽음은 더 이상 인간에게 보편적인, 그리고 기독교가 말하듯 죄로 인한 벌이자 구원을 필요로 하는 사건이 아닌 것으로 인식되고 있습니다. 특히, 의학적 실패로 규정되고 있으며 사회로부터 철저히 격리된 병실에서의 죽음이 일상화되어 있습니다. 아리에스가 '역전된', '전도된', 혹은 '뒤집혀진' 내지는 '후퇴한' 죽음이라고 말한 부분이 바로 이 지점입니다. 공동체적 애도조차 녹록하지 않을 정도로 집을 떠나 병원에 격리된 죽음은 은폐와 망각의 대상일 뿐 죽음에 대한 성찰로 이어지지 못하고 있습니다.

과연, 격리와 추방 혹은 망각으로 죽음에 대한 이야기를 끝낼 수 있을까요? 아리에스의 표현인 '끝나지 않은 이야기'에 관심을 두는 이유가 여기에 있습니다. 이쯤에서 '메멘토 모리!'를 소환해야겠습니다. 그것은 '지식 플렉스' 혹은 '있어 보이기 위한' 라틴어가 아닙니다. 게다가, 라틴어가 '죽은 언어' 내지는 '고전에나 사용되는' 옛 시대의 것이라는 이유까지 붙여서 '끝나버린 이야기'라고 말하는 것은 옳지 않습니다.

삶과 죽음에 관한 성찰에서, 아르스 모리엔디에 아르스 비벤디가 동반하는 관계가 되는 것이 가장 바람직해 보입니다. '잘 살아야 잘 죽는다'는 명제를 제시해드린 이유이기도 합니다. '메멘토 모리'의 실천으로서, '좋은 죽음에 대한 성찰이 필요하고, 나아가 좋은 삶에 대한 관심이 필요하다'는 뜻입니다. 오늘날의 용어로 하면, 웰다잉을 위한 웰리빙이 필요하다고 말하는 것이 좋겠습니다.

물론, 삶과 죽음에 관한 성찰에는 다양한 요소가 필요

한 것이 사실입니다. 하지만 본질에 대한 성찰은 필수입니다. 기독교적 연원을 지니고 있는 아르스 모리엔디에 대한 관심이 좋은 죽음에 대한 성찰로 이어질 수 있기를 기대해봅니다. 그리고 좋은 삶을 위한 모색으로 확장되어 삶과 죽음에 대한 올바른 인식을 확립할 뿐만 아니라, 가치 있는 삶을 위한 노력으로 이어질 수 있기를 기대해봅니다.

02

중세,
임종 순간이 중요하다

노년이 되어 우아하게 매일 호텔 조식을 드신다는 연예인에 대한 이야기가 한동안 주목을 받았던 적이 있습니다. 그분의 유명세가 커져 유명인들을 초대하는 어느 퀴즈 예능 프로그램에 출연한 회차를 보면서, 저에게는 충격적인 부분이 있었습니다. 이분은 불교인이었고, 남편은 기독교인이었다고 합니다. 남편이 여러 번 사업에 실패해서 그때마다 수습해주느라 고생했다는 이야기도 있었습니다.

문제는 남편이 임종하면서 이분을 보며 "미안하다"고 하는 장면이 나옵니다. "그렇게 미안하면 내가 믿는 불교 염불이나 세 번 외워봐"라고 했답니다. 놀랍게도 남편이 세 번이나 그 염불을 반복해서 말하고 임종하더랍니다. 임종하신 그분에게 기독교 신앙이란 과연 무엇이었을까요? 그리고 임종의 자리에서 기어코 염불을 요구하신 분은 어떤 생각을 하신 것인지 혼란스러웠습니다.

중세를 기준으로 본다면, 민감해집니다. 페스트로 인해 많은 사람이 죽어갈 때, 임종 순간에 구원이 결정된다는 이야기가 있었을 정도였습니다. 임종자를 사이에 두고 사탄과 천사 사이에 '영혼 쟁탈전'이 벌어진다고 생각했습니다. 중세인은 임종 순간에 흔들리지 말아야 천국에 간다고 확신했고, 신앙의 중요성을 강조했습니다.

중세의 페스트 창궐 상황에서 그리스도인의 죽음 준비에 지침이 되었던 아르스 모리엔디는 제르송(Jean Gerson)의 『삼부작 소고』(*Opus tripartitum*)에서 유래했습니다. 십계명, 고백성사, 임종자를 위한 사목활동이라는 세 부분으로 구성된 글에서 마지막 것을 '죽음에 대한 지식(Scientia Mortis)'이라고 합니다. 경고(exhortatio)에서는 죄를 용서받기 위해 하나님께 참회할 것을 권합니다. 그리고 질문(interrogatio)은 그리스도에 대한 신앙 안에서 죽기를 깨우치는 질문을 포함한 여섯 가지로 구성됩니다. 기도(oratio)에서는 임종준비기도문을 제시했고 임종조력자를 위한 규정(observatio)은 성례, 묵상, 교회규정을 담아 임종준비자에게 주의 수난의 그림과 주의 십자가를 통해 묵상하도록 도왔다고 합니다.[1]

---

1 박정근, "중세 후기 아르스 모리엔디와 루터의 개혁: 중세 아르스 모리엔디 문헌과 루터의 『죽음 준비의 설교』를 중심으로", 「한국교회사학회지」 64, 2023, 45-84.

'죽음의 지식'은 1415년경 익명의 도미니크 수도사에 의해 '긴 버전'과 '짧은 버전'으로 필사본으로 전승되다가 1450년대 인쇄술 발명 이후 널리 전파되었습니다. 6장으로 구성된 '긴' 버전의 'Tractatus artis bene moriendi'는 죽음이란 두려움의 대상이 아님을 말하면서 영적 고통에 대한 대처 방안을 제시합니다. 임종자가 받는 절망, 조바심, 자만심, 세상에 대한 집착 등 유혹에 대항할 믿음, 소망, 사랑, 세상 재화에 대한 초탈 등의 덕목을 제시합니다. 제 나름으로 라틴-영역판을 읽으며 요약한 (짧은 버전의) 아르스 모리엔디의 주요 내용을 소개해보겠습니다.[2]

> 아리스토텔레스('철학자'로 표기되어 있음)는 세상에서 가장 비참한 것이 육신의 죽음이라고 했지만, 아우구스티누스를 비롯한 증인들은 영혼의 죽음은 그 무엇에도 비교할 수 없을 만큼 비참하다고 말한다. 악마는 임종의 순간에 영혼을 빼앗아가기 위해 공격하고 유혹해온다. 특히, 죽음은 멀리 있는 일이기에 준비할 필요가 없다고 속삭인다. 장 제르송('파리 총장'으로 표기되어

---

2   이 부분은 오타와대학 웹 자료를 참고했다. https://ruor.uottawa.ca/items(검색일: 2025.6.13)

있음)은 이것은 악마의 헛된 위로와 거짓말이며, 결국 인간을 파멸에 이르게 한다고 경고한다. 죽음을 앞둔 모든 사람은 구원을 위해 필요한 것들을 깨달아야 한다.

첫째, 그리스도에 대한 신앙 안에서 죽는 사람은 행복하다는 것을 믿어야 한다. 둘째, 하나님께 큰 죄를 지은 자임을 인정하고 이것을 애통해해야 한다. 셋째, 살려주신다면 다시는 죄를 짓지 않겠노라 다짐해야 한다. 넷째, 하나님 앞에서 당신에게 죄를 지은 자들을 용서하고 당신이 죄를 지은 자들에게 용서를 구해야 한다. 다섯째, 훔친 것이 있다면 돌려주어야 한다. 여섯째, 그리스도께서 당신을 위해 죽으셨고 그리스도의 공로로 구원을 얻을 수 있다는 사실에 대해 하나님께 감사해야 한다.

임종을 앞둔 자들은 어느 때보다 심각한 유혹에 직면해있다. 다섯 가지 유혹이 있다. 첫째 유혹은 신앙(fide)으로부터 돌아서게 하는 유혹이다. 사탄의 이 유혹에 대해 선한 천사가 돕는 힘을 준다. 신앙 없이는 구원받지 못한다는 것을 일깨워주고 힘을 더해준다. 둘째 유혹은 용서와 구원 소망을 꺾는 절망(desperatione)의 유혹이다. 사탄의 유혹에 대해 선한 천사는 절망하지 말도록 도움을 준다. 셋째 유혹은 죽음의 고통에 대한 조급함(impatientia, 참을성 없음)의 유혹이다. 사탄은 하나님께서 긍휼을 주시지 않고 고통으로 당신을 벌하신다고 유혹한다. 이 유혹에 대해 천사는 인내하도록 격려해준다. 넷째 유혹은 헛된 영광(vana gloria)에 대한 사탄의 유혹이다. 세상에서 선한 일을 많이 했다는 허영심을 불어넣어 고통을 주신다고 불평하게 한다.

> 이 유혹에 대해 천사는 스스로 과시하지 말고 하나님만을 바라보며 자기를 낮추라고 격려한다. 다섯째 유혹은 탐욕(avaritia)에 관한 것으로, 사탄은 세상에서 일구어놓은 것들에 대한 미련과 탐욕을 부추긴다. 이 유혹에 대해 천사는 세상의 덧없는 것들에 대한 유혹을 버리고 하나님의 구원을 바라보도록 격려한다.
>
> 임종을 앞두고 고통 속에 있는 사람이 의식이 있고 말을 할 수 있는 상태라면, 하나님께서 자신을 받아주시기를 기도하도록 하고 그리스도를 바라보면서(중세가톨릭 배경에서 성모 마리아와 순교자들께 힘을 구하라는 언급도 있음) 주께 은혜를 구하고 영혼을 맡기는 기도문을 세 번 반복하게 해야 한다. 만일 기도할 수 없는 상태라면, 그 자리에 있는 누군가 큰 소리로 대신 기도해주거나 건강할 때 누렸던 경건에 대해 이야기해주어야 한다. 가능하면, 임종자가 마음에서 우러나와 기도할 수 있게 해주어야 한다.

몇 가지 특징이 있군요. 가장 먼저, 영혼의 구원이 중요하다는 사실을 강조하면서 그리스도인의 죽음에 대한 인식 내지는 관점이 어떤 것이어야 하는지를 풀어냅니다. 구체적으로는 신앙 안에서 죽는 사람은 행복하다는 사실에 대한 확인, 하나님 앞에서 죄인이라는 고백의 필요성, 그리고 하나님과 이웃에 대한 죄의 참회와 용서에 대한 요청, 그리스도의 구원에 대한 감사와 신앙의 고백이 강조되고 있습니다.

    이러한 전제에서, 임종자가 겪게 될 신앙적이고 심리적인 유혹 내지는 위험 문제를 풀어냅니다. 특이한 것은 중세 가톨릭이 임종의 순간에 구원이 결정된다는 생각을 가지고 있었다는 사실입니다. 마치 사탄과 천사 사이의 임종자 '영혼 쟁탈전'을 그려내는 것 같은 내용들이 등장합니다. 다섯 가지 유혹과 다섯 가지 대책을 다루는 부분이 그것입니다. 아마도 임종자와 그 공동체를 향한 신앙의 격려를 염두에 둔 구성인 것 같습니다.

    이어지는 기도문은 임종하는 당사자가 죽음의 두려움을 극복하고 신앙 안에서 죽음을 맞이할 수 있도록 이끌어주는 내용으로 구성됩니다. 동일한 기도를 세 번 반복하게 한 것도 특이한 부분입니다. 참고로, 임종자가 의식이 있고 말을 할 수 있는 경우와 그렇지 못한 경우들 각각에 대한 지침이 나옵니다. 앞의 경우에는 스스로 신앙고백과 기도를 할 수 있게 해야 하고, 그렇지 못한 경우에는 이른바 임종조력자들이 대신해주어야 한다고 규정합니다.

    여기에서, 성직자가 아닌 임종조력자가 등장하는 것은 그 당시 감염병이 얼마나 위중했는지를 간접적으로 보여줌니다. 모든 임종에 성직자가 참여하기 어려울 정도였다는 뜻입니다. 중세시대만 해도 죽음은 가족과 공동체의 관심사였고, 그들의 역할이 중요했습니다. 아리에스의 표현대로 하자면, '우리'의 죽음이었던 셈입니다. 임종조력자로는 가족을 포함한 공동체 구성원들이 해당합니다. 그들이 임종자를 위해 아르스 모리엔디를 낭독하고, 기도해주고, 임종의 순간까지 신앙을 독려하는 역할을 했던 것이지요. 임종조력자들이 읽어주거나 혹은 임종자와 함께 주고받는 과정으로 진행된 셈입니다.

중세라는 시대적 정황에서 볼 때, 직관적 이해를 돕는 그림책 형태의 목판인쇄본이 인기를 누렸다는 사실도 짚어둘 필요가 있습니다. 중세에는 책을 읽을 때도 함께 모여서 읽는 공동체적 읽기가 문화로 자리를 잡았을 뿐만 아니라, 문맹률이 높았던 것도 한몫했을 것 같습니다. 더구나 아르스 모리엔디가 라틴어로 작성되었다는 점에서도 도판에 대한 인기가 높았을 것으로 추정됩니다.

『다섯 유혹에 대한 죽음의 기술』(*Bilderars der fünf Anfechtungen*)은 제르송의 '죽음의 기술'을 바탕으로 삼아 카스틀(Johannes von Kastl)의 『좋은 죽음에 대한 지식』(*Scire bene mori*)을 발전시킨 것으로서, 24개의 도판으로 구성됩니다. 사탄의 유혹과 천사의 격려가 쌍을 이루는 형식입니다. 각각의 그림에는 침상에 누운 임종자를 중심으로, 성부 하나님, 성자 예수, 마리아, 성인 그리고 가족을 포함하여 임종자를 둘러싼 임종조력자들이 등장합니다.

그림들의 주된 내용은 앞에서 살펴본 임종 시 사탄의 유혹에 관한 것으로서, 임종의 순간에 나타나는 사탄의 유혹과 천사의 격려가 표현되어 있습니다. 대체로 그림의 형식은 좌우 대칭적인 것으로서 유혹과 극복의 교훈을 담고 있는 것으로 보입니다. 도판에 표기된 라틴어를 중심으로 뜻을 풀어보겠습니다. 참고로, 그림들 사이에 일정한 구도가 있습니다. 임종을 앞둔 그리스도인이 사탄에게 유혹을 받으나(좌) 그리스도의 도우심으로 유혹을 극복할 수 있다는 천사의 격려가 담긴 장면(우)으로 구성됩니다.[3]

---

3   이 목판본의 그림과 해설은 웹사이트 자료 중에서 다음의 문서를 인용했다. https://dimmid.org/vertical/sites/(검색일: 2025.1.12)

 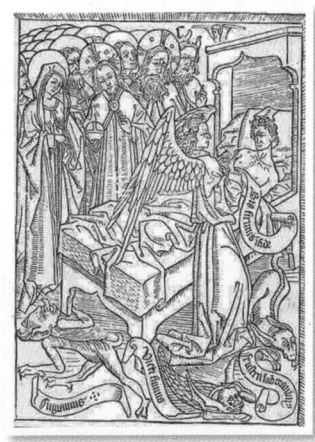

1. 신앙의 유혹과 극복

첫째 그림에서, 사탄은 그리스도인에게 지옥은 무너져 버렸다고 유혹합니다. 그리고 이방인(pagani)처럼 "자살해버리라(interficias teipsum)"고 위험천만하게 권합니다. 이때, 천사가 나타나 "신앙을 굳게 붙잡으라(firmus in fide)"고 격려합니다. 그리스도인은 이미 승리한 자들이라고 말하면서 절망하지 말라고 권합니다. 임종하는 그리스도인에게 굳건한 신앙고백의 필요성을 강조하는 것으로 읽을 수 있겠습니다.

2. 절망의 유혹과 극복

둘째 그림에서는 사탄이 인간의 죄 문제를 건드립니다. 살아온 동안 얼마나 많은 죄를 지었는지 돌아보라고 말하면서, 거짓을 말한 죄와 음란했던 죄, 그리고 폭행의 죄를 들춰냅니다. 일생 동안 "탐욕에 놀아났다(avare vixisti)"고 힐난합니다. 하지만 천사가 나타나 그리스도인에게 절망하지 말라고 합니다. 하나님께서 그리스도인의 죄를 용서하신다고 격려하는 장면입니다.

3. 조급함의 유혹과 극복

셋째 그림에서는 조급함 혹은 참을성 없음(impatientia)의 유혹을 다룹니다. 사탄은 임종을 맞이한 그리스도인에게 속삭입니다. 하나님께서 긍휼을 베푸시지 않고 고통 속에 던져 넣으심으로써 그리스도인을 버렸다고 말입니다. 하나님께서 그리스도인을 구하시지 않고 처벌하신다는 속삭임입니다. 그러자 천사가 나타나 말합니다. 그리스도께서 고난을 이겨내신 것처럼, 그리스도인도 인내하며 하나님의 은혜를 기다려야 한다고 말입니다.

4. 헛된 영광의 유혹과 극복

넷째 그림에서, 사탄은 그리스도인에게 스스로 자랑스럽게 여기라(gloriare)고 유혹합니다. 굳건한 신앙인으로 살아온 날들을 생각하면 영광스러운 마음을 가져도 충분하며, 스스로 자랑해도 될 만큼 잘 살아온 것 아니냐고 속삭입니다. "스스로 높이라(exaltate ipsum)"고 유혹합니다. 그러자 천사가 나타나 말합니다. "겸손하라(humilis)." 이처럼 그리스도인의 임종에서 좌절만 있는 것은 아닌 듯싶군요. 교만해질 수 있음을 경계하는 부분인 것 같습니다.

5. 탐욕의 유혹과 극복

다섯째 그림은 탐욕에 관한 유혹을 다룹니다. 사탄은 임종하는 그리스도인에게 세상에 남겨질 사람들에게 마음을 쓰라고 합니다. 특히 일생 동안 노력해서 모아둔 재물이 아깝지도 않은지 질문합니다. 그리고 그가 모은 "재물에 대해 마음을 쏟으라(intende thesauro)"고 유혹합니다. 그 순간, 천사가 나타나 임종자를 격려합니다. "탐욕을 부리지 말라(non sis avarus)." 세상에 남겨질 사람들에 대해서도 마음을 쓰지 말고 그리스도를 바라보라고 합니다. 신앙 안에서 죽음을 맞이해야 한다는 격려입니다.

사실, 이러한 내용들은 중세인에게만 해당하는 것은 아니겠지요. 죽음에 대한 두려움과 재물을 비롯한 세상 것들에 대한 미련을 포함하여 인간에게 공통으로 찾아볼 수 있는 요소들을 다룬 것이라고 볼 수 있겠습니다. 그리고 아르스 모리엔디가 널리 퍼지게 된 배경에 감염병 사태가 있었다는 점과 성직자들의 희생이 컸다는 점도 참고할 부분입니다. 감염병 환자들의 임종을 돌보아야 했던 성직자들은 페스트라는 감염병이 자신들을 향한 하나님의 심판이라고 느꼈을 정도였다는 이야기도 있습니다. 죽음에 관한 그리스도인다움의 문제를 다루었다는 점에서 의의가 있는 것은 분명하지만, 인간에 관하여 여러 가지를 성찰하게 하는 부분이기도 합니다.

―――――

중세의 아르스 모리엔디에는 긍정적 요소와 더불어 부정적 측면이 있습니다. 긍정적이라는 것은 아르스 모리엔디의 유래가 극심한 감염병으로 인한 위기의 시대에 신앙인에서 주는 교훈과 관련되어 있습니다. 부정적이라는 것은 중세가톨릭에서 지워내기 어려운 요소와 연관된 것으로서, 긍정성과 부정성의 두 가지 요소 모두를 놓치지 말고 균형 있게 읽어내는 것이 좋겠습니다.

긍정적으로 읽어야 할 부분은 아르스 모리엔디가 죽음에서의 그리스도인다움의 문제와 연관된다는 사실입니다. 이것을 풀어내기 위해 중세 아르스 모리엔디에 기독교적 관점이 담겨있다는 점을 참고해야 할 것 같습니다. 아르스 모리엔디가 등장한 시대적 배경에는 극심한 감염병이라는 절박함이 작동하고 있었습니다. 수많은 죽음 앞에서, 그리스도인으로서 죽음의 문제를 고민하고 그 길을 안내하려는 취지에서 비롯된 것이라는 점은 긍정적 요소라고 할 수 있습니다. 아르스 모리엔디의 출발점이 죽음에서의 그리스도인다움에 관한 문제의식이었다는 사실은 분명히 의미가 있어 보입니다.

그것보다 더 적극적으로 읽어야 할 부분이 있습니다. 아르스 비벤디(ars vivendi) 문제로 확장되었다는 점이 그것입니다. 제르송의 '죽음의 기술'은 페운트너(Thomas Peuntner)에 의해 『거룩한 죽음의 기술』(*Kunst des heilsamen Sterbens*, 1434)로 출판됩니다. 오스트리아에서 흑사병을 가혹하게 직면해야 했던 시기에 궁정 성직자였던 페운트너는 제르송의 관점을 발전시켜 다섯 경고(exhortatio)에서 건강할 때도 죽음을 준비하며 경고의 지침을 따라 살면 복된 죽음을 맞이할 수 있을 것이라고 조언합니다. 이를 '죽음의 기술'에서 '삶의 기술(ars vivendi)'로의 전환이라고 부를 수 있겠습니다.

　　부정적인 측면이 파생되는 것도 이 부분이기는 합니다. 이 부분 역시 중세문화의 터전이라고 할 수 있는 기독교를 배경으로 설명할 수 있겠습니다. 아르스 비벤디로의 지평 확장이라는 의의를 놓치지 않는 것이 중요하지만, 중세의 관점에서 그것은 공로주의에 채색되어 있었습니다. 임종 순간에 구원이 결정된다는 생각에도 위험요소가 잠재되어 있기는 하지만, 삶의 전 과정으로 지평을 확장하면서 중세적 공로주의가 강화되는 경향을 보였다는 사실은 무엇보다 경계해야 할 부분입니다. 이 문제에 대한 해법 모색에서 종교개혁자 마르틴 루터의 관점에 기대를 걸어야 하는 이유이기도 합니다.

　　사실, 가톨릭은 루터 이후에도 여전히 공로주의를 버리지 않았습니다. 예를 들어, 16~17세기 반종교개혁기에는 종교개혁가들이 그리스도를 영접한 이 땅에서 이미 구원을 받았다고 주장한 것에 반하여, 가톨릭은 임종의 순간을 성공적으로 통과하느냐 마느냐에 신자의 구원 여부가 결정된다고 보았습니다. 좋은 죽음을 위해 죽음의 때를 기억하며 경건하게 살아야 한다는 관점이지요. '죽음을 기억하라(memento mori)'는 메시지를 계승한 것은 의미가 있어 보입니다.[4] 다만, 죽음의 두려움에 사로잡히는 것은 선행과 공덕이 부족하기 때문이라고 생각하여 공덕을 강조했고 임종의 순간에 대해서도 다르지 않았습니다. '좋은 죽음은 선한 삶의 열매'라는 관점이기 때문입니다.[5]

흥미롭게도, 아르스 모리엔디에 대해 쓴 비성직자 혹은 평신도 집필자가 등장합니다. 미겔 데 마냐라(Miguel de Mañara)가 쓴 『진실에 대한 담론』(*Discurso de la verdad*)은 헌사와 27장으로 구성되어 '죽음의 순간이 심판의 때'이며, '삶은 죽음을 준비하는 시간이어야 한다'는 반종교개혁기의 기초를 이어받습니다. 특이한 것은 평신도로서, 성직자와 지식인 및 권력자들을 과감하게 비판한다는 점이지요. 그는 경건한 수도자의 경지에 이르지 못하는 성직자들의 형식적인 종교 행위를 비판하면서, 권력자들의 부와 허영과 위선, 그리고 신이 받아 마땅한 영광을 가로채는 교만을 고발합니

---

[4] 이만희, "스페인 중세 '아르스 모리엔디' 연구: 『좋은 죽음을 맞이하는 법과 짧은 고해 규범』을 중심으로", 「중남미연구」 28(1), 2009, 27-52.

[5] 이만희, "스페인 르네상스와 반종교개혁기의 죽음에 대한 비교 연구", 「세계문학비교연구」 20, 2007, 281-301.

다. 마음이 반영되지 않은 형식적인 성사는 의미가 없다며 내면적인 신앙의 중요성을 강조한 것 또한 특이점입니다.

주목해야 할 것은 "아르스 모리엔디가 성직자들에 의해 집필되고, 작품의 중심에 사제에 의해 집전되는 성사가 놓여있었던 것과 달리, 평신도로서 아르스 모리엔디를 집필했다는 사실"입니다.[6] 아르스 모리엔디에서의 중요한 전환이 이루어진 셈이지요. 지침서 내지는 안내서로서의 기능이 중요하지 않다는 뜻이 아닙니다. 아르스 모리엔디에서의 다양화 내지는 현대적 대안을 위한 응용의 접점을 찾을 수 있다는 사실이 중요합니다. 평신도가 아르스 모리엔디의 집필자가 될 수 있으며, 지침서가 아닌 고백서로서 아르스 모리엔디의 가능성을 말해줍니다. 다만, 아르스 모리엔디가 아르스 비벤디로 확장되면서 가톨릭이 지닌 공로주의적 관점을 극복할 필요가 있다는 점에서, 루터의 종교개혁적 아르스 모리엔디를 살펴볼 필요가 있겠습니다.

---

[6] 이만희, "스페인 17세기 비 성직자의 아르스 모리엔디 연구: 미겔 데 마냐라의 『진실에 대한 담론』을 중심으로", 「외국문학연구」 43, 2011, 237-256.

잊지 말아야 할 것이 있습니다. '아르스 모리엔디' 자체가 기독교를 배경으로 하는 것이었고, 그래서 기독교적 관점에서 서술하는 과정이 필요하다는 사실입니다. 앞 절에서 다룬 내용들이 기독교와 연관될 수밖에 없는 이유가 되겠습니다. 시대적이고 문화적인 배경을 놓치면 본질에 대한 이해로부터 멀어질 수 있기 때문에 이 부분에 대한 충분한 설명이 필요합니다. 특히, 기독교에 관심이 있는 분들에게는 중요한 요소라고 할 수 있습니다.

참고로, 아르스 모리엔디를 특정한 종교적 사고의 범주로만 제한할 수 없는, '인간 존재의 끝맺음'에 대한 더 폭넓은 성찰이 담겨 있다고 해석하는 경우도 있습니다. 중세 팬데믹 이후 혼돈에 빠진 인간에게 위로와 조언을 주는 문헌으로서, 죽음이라는 고통이 인간에게 주어진 상(賞)이자 마지막 사다리임을 말해주며 악마의 유혹이 아무리 강력해도 인간의 자발적인 의지가 없으면 외부의 공격이 무너뜨릴 수 없다는 위로와 삶의 기술을 압축하여 보여준 것이라는 해석입니다.[7]

---

7   주나미, "중세 팬데믹 시대 직후에 나타난 죽음에 대한 성찰: 15세기

인문학의 관점에서 응용하여 읽으면 이렇게 됩니다. 중세 기독교적 연원을 지닌 아르스 모리엔디를 오늘의 관점에서 재해석한 것을 '웰다잉' 활동이라고 할 수 있으며, 그 핵심에는 '잘 죽는 길' 혹은 '좋은 죽음'에 대한 관심이 담겨 있습니다. 무엇이 좋은 죽음일지, 중세적 아르스 모리엔디는 현대인에게 질문하고 있습니다. 의료기술이 발전하고 다양한 문화적 요소들이 변화되기는 했지만, 여전히 인간은 죽음을 향한 존재라는 점에서 현대인 모두가 성찰해야 할 주제임에 틀림없습니다. 과연, '좋은 죽음'이란 무엇일까요?

의 『죽음의 기술』 긴 유형 사본을 중심으로", 「프랑스사연구」 51, 2024, 5-51.

03

루터,
인생 전체가 중요하다

1505년 7월 2일, 법대생 루터가 방학을 맞아 고향집에 거하다가 에르푸르트(Erfurt) 대학으로 돌아가는 길이었습니다. 넓은 평원 한복판에서 갑작스럽게 천둥번개를 만납니다. 순간, 루터는 땅에 엎어지면서 광부들의 수호성인을 큰 목소리로 불렀다고 합니다. "성 안나여, 나를 도우소서! 저는 성직자가 되겠습니다!" 이후 성직자가 되고 종교개혁에 앞장선 루터는 자신이 태어난 아이슬레벤(Eisleben)에서 63세로 천국에 갔습니다.

임종하는 밤, 의사와 루터의 친구들이 그의 임종을 지켜보았습니다. 루터는 성경 구절을 계속 암송하고 있었다고 합니다. "하나님이 세상을 이처럼 사랑하셔서 그의 독생자를 주셨으니, 이는 그를 믿는 사람은 누구든지 멸망하지 않고 영생을 얻게 하려 하심이니라(요 3:16)" 새벽 3시가 가까워졌을 때 요나스 박사는 루터의 마지막이 이른 것을 알고 그에게 물었습니다. "선생님은 선생님께서 가르치신 교리와 그리스도 위에 굳건히 서서 돌아가시겠습니까?" 루터는 큰 소리로 대답했습니다. "예!" 죽음의 두려움을 지니며 살던 루터는 복음 안에서 구원의 확신을 가지고 임종했다고 전해집니다.

중세 아르스 모르엔디에 대해 종교개혁자 루터(Martin Luther)는 『죽음 준비의 설교』(*Sermon von der Bereitung zum Sterben*)를 통해 개신교 아르스 모리엔디의 방향을 제시합니다. 20여 개의 항목으로 정리되는 루터의 아르스 모리엔디는 삶의 정리와 이별의 준비, 용서의 실천과 영적 이별의 준비, 그리고 좋은 죽음을 맞이하기 위한 참회와 성례의 필요성, 죽음의 순간 사탄이 주는 두려움을 넘어서 그리스도 안에서의 죽음만 바라보아야 한다는 권면을 포함합니다. 제 나름으로 요약하면 다음과 같습니다.[1]

1. 죽음은 이 세상과 작별을 고하는 것이므로 사람이 이 세상에서 소유하고 있던 물건들을 적절히 그리고 자신의 뜻에 따라 정리하고 처리하는 것이 필요하다.

2. 영적으로도 떠날 준비를 해야 한다. 말하자면 하나님을 생각하여 기쁘고 진정한 마음으로 우리에게 과오를 범한 사람

---

1 이 자료는 한국루터회 홈페이지에서 볼 수 있다. lck.or.kr/wp/(검색일: 2025.1.3)

들을 모두 용서할 수 있어야 한다. … 이것은 우리 영혼이 이 세상에서 한 행위들로 인해 빚을 안고 떠나지 않도록 하기 위해 필요하다.

3. 누구나 이 세상을 떠나야 하므로 우리는 죽음의 길이 인도해 주고 가리켜주는 하나님에게로 우리의 눈을 향해야 한다.

4. 무엇보다 먼저 우리 자신이 신실한 죄의 고백을 준비해야 한다.

5. 우리는 거룩한 성례전들에 진심을 다하고, 부지런히 그리고 높이 존중하고 경의를 표하며, 자유롭고 기쁘게 이것들을 의지해야 한다.

6. 성례전들의 유익을 깨닫기 위해 이것들이 대적하고 또한 우리가 직면하는 악(惡)들을 알아야 한다. 악(惡)에는 세 가지가 있다. 첫째로, 죽음의 무서운 상(象)이고, 둘째로, 두려울 정도로 다양한 죄의 상(象)이고, 그리고 셋째로, 지옥과 영벌(永罰)의 견딜 수 없고 피할 수 없는 상(象)이다. … 마귀는 인간에게 걱정과 겁먹음과 절망을 더하기 위해 죽음의 흉측한 얼굴과 상(象)을 보도록 압박해온다. … 우리는 죽음이 아직 멀리 있으면서 움직이지 않고 있을 때, 그것을 우리의 존재 안으로 초대하면서 우리의 생전에 죽음과 친숙해져야 한다.

7. 우리가 죄의 사념에 잠겨 있고 그 생각에 집착할 때, 죄도 확대되고 심각성을 띠게 된다. … 마귀는 바로 이것을 자기 활

동의 원동력으로 삼는다. 그는 우리의 죄가 중대하고 많아 보이게 한다.

8. 우리가 시도 때도 없이 지옥에 대해 과도하게 골몰하고 또 엄격하게 집착하기 때문에 지옥도 확대되어 보인다. 이것은 하나님의 계획에 대한 우리의 무지로 인해 헤아릴 수 없이 확대된다. … 내가 예정되었는지를 알고자 하는 소원이, 하나님이 아시는 것을 나도 다 알고 그와 동등하게 되어 결국은 하나님이 나보다 더 아시는 것이 하나도 없게 만들려는 무례한 의도가 아니고 무엇인가?

9. 이 일에 있어 우리는 이 상(象)들 어느 것에게도 마음을 열지 말고 마귀를 마음속에 끌어들이지 않도록 모든 노력을 경주해야 한다. … 그러나 그것들을 싸워서 쫓아내길 원하는 사람은 그것들과 씨름하고, 격투를 벌이고, 맞붙어 싸우는 것만으로는 충분하지 않다는 것을 알게 될 것이다. 그것들이 너무 강하다는 것을 알게 될 것이며, 상황이 악화일로로 치달을 것이다. … 당신은 살아있는 동안 죽음을 보아야 하고, 은혜의 빛 가운데에서 죄를 보아야 하며, 천상의 빛 가운데에서 지옥을 보아야 하며, 그 어떤 것도 이런 관점에서 당신의 눈을 돌리지 못하도록 해야 한다.

10. 죽음을 가까이 그리고 끈기 있게 바라보되, 오직 하나님의 은총 안에서 죽은 이들 안에 보이는 대로, 그리고 죽음을 극복한 사람들 안에 보이는 대로 보아야 하며, 특히 그리스도 안

에서 그것을 바라보아야 한다. … 단지 그리스도의 죽음에만 관심을 기울여야 하고, 그렇게 할 때 당신은 생명을 찾을 것이다.

11. 당신은 죄인들 속에, 당신의 양심 속에, 혹은 마지막 순간까지 죄에 머물다가 결국 저주받는 사람들 속에 있는 죄를 보지 말아야 한다. … 은혜의 심상(心象) 안에서만 죄를 바라보아야 한다. 모든 힘을 다하여 그 심상을 당신 안에 각인시키고, 그것을 당신의 목전에 두라.

12. 당신은 예정과 관련해서, 당신 안에서나 예정 그 자체 안에서 혹은 저주받은 이들 안에 있는 지옥과 영원한 고통을 생각하지 말아야 하며, 선택되지 않은 이 세상의 많은 사람들에 대한 생각으로 인해 근심에 싸이지 말아야 한다. … 오직 그리스도 안에서 당신을 찾으라. 그리하면 영원토록 그리스도 안에서 당신 자신을 발견할 수 있을 것이다.

13. 그리스도께서는 십자가상에서 자기 자신을 우리를 위한 삼중의 상(象)으로 준비하셨다. 이것은 우리 믿음의 눈앞에 보이기 위한 것이었으며, 이 믿음을 우리에게서 강탈하려고 악한 영과 우리의 본성이 맹렬하게 공격할 때 사용하는 세 가지 악한 상(象)에 대항하기 위한 것이었다.

14. 하나님의 뜻은 그리스도를 붙들고, 우리의 죄와 죽음과 지옥이 그분 안에서 정복당했고 더 이상 우리를 해칠 수 없다는

사실을 기억하는 것이다. 오직 그리스도의 상(象)만이 우리 속에 남아 있어야 한다. 우리는 오직 그분과만 의논하고 관계해야 한다.

15. 성례전들 속에서 당신의 하나님이신 그리스도 자신이 목사를 통해 당신과 관계하시고, 말씀하시고, 일하신다. 그의 역사와 말씀들은 인간의 것이 아니다. 성례전들 속에서 하나님 자신이 당신에게 우리가 그리스도와 관련하여 방금 언급한 모든 축복을 당신에게 수여하신다.

16. 하나님의 말씀들과 약속들과 표징들만을 내포하고 있는 거룩한 성례전들을 높이 평가하고, 존중하며, 그것들에게 의지하는 것은 지극히 중요한 일이다.

각각의 항목에 대한 해석보다는 루터가 말하고자 했던 방향의 대전환에 주목하는 것이 좋겠습니다. 루터는 죽음 앞에서 자기 노력이나 공로로부터 자유로워지고, 오직 하나님의 은총과 믿음으로만 구원받는다는 사실을 확인해주었습니다. 죽음은 심판이 아니라 하나님의 무조건적 사랑을 경험하는 순간이며, 복음 안에서 신앙을 고백한 자들에게 하나님께서 위로와 능력을 주실 것이라는 관점입니다.

참고하시라고, 이 주제에 관심을 둔 다른 분들의 요약

도 소개해드립니다. 루터의 이 설교는 아르스 모리엔디의 개신교 버전이라는 점에서만 아니라, 이 책의 전체 주제가 되는 아르스 모리엔디와 복음의 만남을 말해주는 요소라는 점에서 무척이나 중요하기 때문입니다. 루터의 설교문이 길지 않기 때문에 전체를 인용하는 것도 방법이기는 하지만, 일정한 가이드가 필요하다는 점을 고려했습니다.

① 삶을 정돈하며 이 세상과의 육적 이별을 준비하라.

② 용서를 실천하며 영혼이 이 땅에서 매이지 않도록 영적 이별을 준비하라.

③ 죽음의 좁은 문을 통과하면 천국의 기쁨이 있음을 믿으며, 죽음의 과정에서 시선을 하나님에게 향하도록 하라.

④ 좋은 죽음을 맞이하기 위해서는 참회와 성례가 필요하다.

⑤ 죄와 죽음과 영원한 저주를 벗어나게 하는 성례를 믿음으로 의지하라.

⑥~⑧ 죄와 죽음과 영원한 저주를 벗어나게 하는 성례의 능력을 알아야 한다.

⑨ 죽음을 생명과 연결하고, 죄를 하나님의 은혜와 연결하고, 영원한 저주를 천국과 연결하며, 자신에게 침투해 들

어오지 못하도록 영적으로 싸워야 한다.

⑩ 죽음의 순간 사탄이 주는 모든 두려움에서 돌아서고, 오직 하나님의 은혜와 그리스도 안에서의 죽음만 바라보아야 한다.

⑪ 그리스도가 너의 죄를 대신 지셨다는 은혜의 시각에서 죽음의 순간 위로를 얻어야 한다.

⑫ 그리스도가 나 때문에 영원한 저주 아래 놓였고, 나 때문에 하나님에 의해 버림받았다는 것을 마음에 새기며 구원을 맞이하라.

⑬ 그리스도가 십자가 위에서 내가 받게 될 죽음과 죄와 저주를 물리치셨다는 것을 알고 믿어야 한다.

⑭ 그리스도가 십자가 위에서 죽음과 죄와 저주를 물리치셨을 뿐만 아니라 위로도 주신다. 그러니 임종의 순간 모든 것을 그리스도에게 맡겨야 한다.

⑮ 다시 성례의 효력에 관해 말하자면, 성례를 의지하면 믿음으로 위로를 얻을 수 있고 기쁨으로 죽음을 맞이할 수 있도록 한다.

⑯ 성례가 곧 하나님의 말씀이고 표징인바, 성례의 효력을 의심해서는 안 된다.

⑰ 성례가 하나님의 약속이지만, 이것은 믿음을 돕는 하나의 표식이기에 믿음으로만 그 효력을 가진다. 무엇보다 믿음으로 성례를 받으면 죽음에 대한 두려움과 죄와 영원한 저주를 극복할 수 있다.

⑱ 하나님의 말씀을 믿고 성례를 의지하며 임종을 맞이하는 자는 자신의 시선을 오직 그리스도에게 집중하라. 하나님과 그리스도 그리고 모든 믿음의 선조들이 임종을 맞이하는 나를 보고 있다는 것을 의심하지 말아야 한다.

⑲ 자신의 기도가 응답될 것이라는 어떤 의심도 없이 마지막 죽음의 순간을 맞이해야 한다. 동시에 마지막 임종의 순간 참된 믿음을 간직할 수 있도록 전 생애 동안 간구해야 한다.

⑳ 하나님은 그 아들 그리스도에게 당신의 죽음과 죄와 저주를 대신 짊어지시게 하시고 극복하셨기에 이 사실을 믿으며 하나님의 시선에서 자신의 영혼을 보길 바란다.[2]

다른 분의 견해도 소개해드립니다.[3] 사실, 아르스 모리엔디에 대한 신학적 관심은 그다지 활성화되어있지 않습니

---

2   박정근, "중세 후기 아르스 모리엔디와 루터의 개혁: 중세 아르스 모리엔디 문헌과 루터의 『죽음 준비의 설교』를 중심으로", 45-84.

3   김선영, "16세기 프로테스탄트 개혁가 마르틴 루터의 죽음관", 89-118.

다. 루터의 설교문을 다루는 학술논문도 그리 많지 않습니다. 관련된 학술자료를 만나는 것 자체로 반가울 정도입니다. 루터의 설교가 차지하는 중요성을 고려하여 소개해드립니다. 다만, 분량의 제한이라는 이유에서 제가 다시 요약하여 소개해드린다는 점, 미리 말씀드립니다.

① 세상일을 정리하라: 죽음 이후 남은 자들 간의 다툼과 싸움을 방지하기 위해 필요한 일로서 세상일을 정리하라.

② 화해하라: 불화 관계에 있는 사람들과 화해하고 뒤엉킨 일들, 감정과 관계를 홀가분하게 정리하라.

③ 그리스도의 죽음의 성격과 힘을 파악하라: 죽음은 두려움의 대상이 아니라 오히려 잠을 자고 깨어난 후에 경험하게 될 놀라운 기쁨을 기대하게 만드는 사건임을 확신하라.

④ 그리스도에게 집중하라: 죽음을 대면한 자에게 악마가 세 가지 이미지를 심어준다. … 무서운 죽음의 이미지, 스스로 지은 죄에 대한 이미지, 그리고 영생을 얻기 위해 하나님에 의해 예정된 자들 가운데 있지 않고 지옥에 있는 이미지다. 이러한 유해한 이미지를 가지고 악마는 죽어가는 자에게 그의 영혼과 몸을 옥죄는 두렵고 끔찍한 상상

을 촉진한다. 예수 그리스도를 믿는 자들에게 구원을 보장한 하나님의 약속을 확고히 신뢰하면서 죽음에 직면하는 그리스도인의 처신은 악마가 지속적으로 자극하는 이런 유해하고 부정적인 이미지를 극복해야 한다. … 오직 그리스도의 이미지가 우리 안에 머물러야 한다. 오직 그리스도와 협의하고 거래해야 한다. 예수 그리스도에게 시선을 고정하기 위해 십자가를 묵상해야 한다.

⑤ 말씀에 매달려라: 사는 동안 무엇을 했고 하지 못했는가를 생각하지 말라. 죽어가는 때는 그런 생각을 할 때가 아니다. 죽어가는 상황에서는 오로지 그리스도의 죽음과 부활에 정신을 집중해야 한다. 믿음을 통한 죄 사함이라는 복음을 붙들어야 한다. 그리스도의 죽음이 나의 죄와 죽음과 지옥을 삼켰고, 그리스도가 부활한 것처럼 나도 부활할 것이라는 사실을 믿고 확신하고 기뻐해야 한다. 그리고 죄의 용서에 대한 확신을 통해 마음의 확신과 평화를 얻어야 한다. … 죽어가는 상황에서 해야 할 일은 악마와의 논쟁이 아니라 예수 그리스도가 '나를 위해' 죽고 부활했다는 말씀으로 구원의 확신과 평안을 얻는 것이다.

⑥ 성찬을 통해 하나님의 약속을 붙들라: 성례는 죽음을 통과해서 영생으로 나아가기 위한 준비를 위해 필수적인, 그리고 하나님이 죄와 죽음과 지옥에 대한 두려움 때문에 심란한 마음과 양심을 위로하는 중대한 수단이다. 죽어가

는 자는 고해성사와 성찬성사와 종부성사(현재는 병자성사)를 위로와 신뢰의 근원으로서 믿음 안에서 받아야 한다. … 무가치한 존재인 우리에게 그리스도의 생명과 은혜와 영생을 주고 죄와 죽음과 지옥이 우리를 해하지 못한다는 것을 확신시켜주는 말씀과 표징을 준 하나님은 참되며, 약속을 이루는 하나님이라는 것을 믿는 자는 평안히 눈을 감을 수 있다.

⑦ 성도들과의 교제를 통해 홀로 버려져 있지 않음을 확신하라: 그리스도인은 홀로 죽는 것이 아니라는 것을 의심하지 말아야 한다. 성찬식이 보여주는 바와 같이 천사들과 성인들과 모든 그리스도인이 한 몸이 되어 그들의 한 구성원인 죽어가는 자에게 달려와 죄와 죽음과 지옥을 극복하도록 도와주고, 이 모든 것을 그와 함께 견딘다는 것을 의심하지 말아야 한다.

⑧ 기도하라: 하나님께 마음속에 진정한 믿음을 주시고 보존하게 해달라고 기도하라. 기도 자체가 하나님이 듣고 그분의 약속을 성취할 것이라는 확신을 보여주는 행위다.

⑨ 죽음을 받아들여라: 자신이 죽어가는 것을 부정하지 말고 하나님의 섭리를 신뢰하면서 죽음을 받아들이는 것이 중요하다.

보기에 따라 임종 시 성례의 중요성을 말한 것은 중세적 잔재로 여겨지는 부분이 있습니다. 하지만 루터 자신이 종부성사나 가톨릭의 죽음 예식 없이 동석한 사람들의 임종을 위한 기도를 들으며 "그리스도를 신앙으로 고백하는가?"라는 동료의 질문에 "예"라고 대답하며 1546년 2월 18일 임종을 맞이한 것으로 알려져 있습니다.

이러한 뜻에서, 루터의 설교는 종교개혁이 표방하는 아르스 모리엔디의 전형을 보여준다고 하겠습니다. 특히, 임종자에게 사탄이 주는 세 가지 이미지를 극복해야 한다고 말한 것은 흥미로운 부분입니다. 사탄은 무서운 죽음의 이미지, 스스로 지은 죄에 대한 이미지, 그리고 하나님에 의해 예정된 자들 가운데 있지 않고 지옥에 있는 이미지를 통해 위협하지만, 그리스도인은 이러한 이미지들을 극복하고 오직 그리스도께서 구원을 약속해주셨음을 확신하면서 부활의 소망을 가지고 하나님을 의지하라고 루터는 강조합니다.[4]

분명히, 루터의 '죽음준비 설교'는 "중세 후기에 널리 퍼졌던 아르스 모리엔디 문헌에 대한 개혁문서입니다. 루터

---

[4] Dennis Ngien, "The art of dying: in Luther's sermon on preparing to die," *The Heythrop Journal* 49(1), 2009, 1-19.

는 임종의 자리가 사탄과 천사의 싸움의 장소가 아니라 죄와 죽음에 대한 그리스도의 승리를 믿는 구원의 약속을 확인하는 시간"이라고 보았습니다.[5] 이것은 루터의 아르스 모리엔디가 시사해주는 중요한 가치 중 하나입니다. 그리고 임종의 순간에 구원이 결정된다는 식의 중세적 잔재를 넘어선 것 역시 중요합니다. 오히려 일생 동안 죽음을 준비하고 신앙에 따라 살아가야 한다는 사실을 강조했다는 점에서, 아르스 모리엔디를 아르스 비벤디로 확장했다고 하겠습니다.

앞에서도 말한 것처럼, 중세에도 이러한 움직임은 있었습니다. 하지만 중세에는 그리스도인의 삶 전체를 통해 공로를 쌓아야 구원에 이를 수 있다는 공로주의에 지배되고 있었다는 점에서 큰 차이가 있습니다. 루터에게서 우리는 임종 순간에 구원이 결정된다는 제한된 사고방식이 극복되는 모습을 발견할 수 있으며, 예수 그리스도를 믿는 순간에 이미 구원을 받았다는 확신을 가져야 함을 확인할 수 있습니다.

루터의 아르스 모리엔디는 중세의 그것과 분명한 차이가 있습니다. 앞에서 말씀드린 것처럼, 중세에도 임종 순간

---

[5] 박정근, "중세 후기 아르스 모리엔디와 루터의 개혁", 45-84.

만 강조하는 경향을 넘어서 삶을 바르게 살아야 구원받고 천국에 갈 수 있다고 생각하는 사람들이 있었습니다. 사실, 아르스 비벤디라는 용어도 중세에 이미 사용되었습니다. 임종을 맞이하기 전까지 바람직한 삶을 살아야 한다는 뜻이었습니다. 하지만 내용상으로는 약점이 있습니다. 살아온 날들의 선행과 그 공로를 따져서 구원이 결정된다는 생각, 즉 '공로주의'적 관점이 지배적이었습니다. 인간의 삶에 긍정적인 교훈을 줄 여지도 있지만, 예수 그리스도의 은혜에 의해 구원을 받는다는 성경의 핵심에 맞지 않는다는 점이 문제입니다.

참고로, '공로주의(功勞主義)'에 대해 설명해드리겠습니다. 한자 표기 그대로 옮겨서 읽으면, 각 사람의 공로에 따라 대우를 받아야 한다는 뜻입니다. 한마디로, '나의 노력이나 업적에 따라 정당한 보상을 받아야 한다'는 관점입니다. 어찌 보면 공정한 것 같지만, 문제점이 더 커 보입니다. 교만과 위선의 원천일 수 있습니다. 남들보다 더 노력했다고 생각해서 스스로를 높이는 마음이 생기지요. 겉으로는 스마트한 척하지만, 속으로는 자신을 과시하려는 위선에 빠질 수 있다는 것이 문제입니다.

나아가, 인간이 지닌 한계를 망각하게 한다는 문제도

있습니다. 사실, 인간은 완전한 존재가 아닙니다. 무엇을 성취하는 데는 개인의 노력만 작동하는 것이 아니라 다른 사람들의 도움과 사회적 환경 등 다양한 요소가 협업하게 마련입니다. 다른 한편으로, 끝없는 노력의 굴레에 빠지거나 좌절하게 될 우려도 있습니다. '과연 충분한 것일까?' 하면서 불안감에 시달리거나 좌절에 직면하게 된다는 뜻입니다.

사회적 맥락에서, 공로주의는 '능력주의(meritocracy)' 내지는 '실적주의(merit system)' 등과 연관될 수 있기도 합니다. 개인의 주관적인 판단에 의해, 혹은 사적 관계 내지는 세습된 맥락에서 접근하는 관점을 극복한다는 점에서는 의의가 있습니다. 하지만 '능력'이라는 것이 그가 받은 교육을 비롯한 여러 요소를 고려하는 것이어야 한다는 점에서는 반드시 공정한 것이라고 할 수 없는 측면도 있습니다.

가장 큰 문제는 기독교 신앙에 관한 오해 또는 왜곡을 낳는다는 점입니다. 기독교에서, 특히 루터의 종교개혁에서 이 부분이 가장 중요한 문제의식입니다. 구원은 노력이나 공로로 얻는 것이 아니라, 하나님의 은혜요 선물이기 때문입니다. 선행을 통해 구원을 받는 것이 아니라, 구원을 받은 기쁨에서 선행하라는 것이 핵심입니다. 사실, 구원에 대한 이러한 인식의 차이가 중세와 종교개혁을 구분하는 가장 큰 분기점이라고 할 수 있겠습니다.

루터는 인간이 선행을 통해 구원을 받을 수 있다는 생각에서 중세 기독교가 면벌부(면죄부)를 판매하는 타락상을 보여주었던 점에 강력하게 문제를 제기합니다. 구원을 면벌부 구입이라는 선행 내지는 공로 덕분에 받는다는 것은 성경에 위배되는 일이기 때문입니다. 그래서 루터는 오직 믿음(선행과 공로가 아니라는 뜻에서)을 통해 구원을 받는다는 성경의 진리를 확인하면서, 임종 순간이든 혹은 그 이전의 시간이든 간에 인간의 업적을 통해 구원을 받는다는 중세가톨릭의 관점에 정면으로 반박합니다. 성경에 맞지 않기 때문이지요.

오히려, 루터는 인간이 예수 그리스도를 믿어 신앙고백을 하는 순간부터 이미 구원을 받았으며 그 신앙을 임종의 순간에도 굳게 붙들어야 한다고 강조합니다. 그리고 살아가는 모든 날 동안 그리스도를 통해 얻은 자유를 하나님을 사랑하고 이웃을 사랑하는 선행을 하는 데 사용해야 한다고 권합니다. 구원을 위한 업적이나 공로가 아닌, 구원을 받은 자로서 기쁜 마음으로 하나님을 위해 살아야 한다는 취지입니다.

루터 이후, 아르스 모리엔디는 기독교와 가톨릭의 계보에 따라 두 갈래로 이어집니다. 기독교에서는 퍼킨스(William Perkins)의 『병자를 위한 연고』(*A Salve for a Sicke Man*), 영국의 테일러(Jeremy Taylor)가 쓴 『거룩한 삶을 위한 규칙과 연습』(*The Rule and Exercises of Holy Living*)과 『거룩한 죽음을 위한 규칙과 연습』(*The Rule and Exercises of Holy Dying*), 루터교에서는 케이벨(Joachim Keibel)의 『좋은 죽음의 방법』(*Ars bene Moriendi*), 아른트(Johann Arndt)의 『영적 영혼의 약』(*Geistliche Seelen-Arznei*) 등으로 이어졌다고 합니다.[6]

다만, 그 이후의 계승과정에 대한 추적이 분명하지는 않습니다. 어떻게 계승되었는지를 찾아보는 것도 중요하지만, 정말 주목할 것은 루터의 관점에서 나타난 종교개혁적 특징입니다. 특히, 아르스 모리엔디의 현장이라고 할 수 있는 임종의 시간은 사탄과 천사의 싸움의 시간이 아니라, 죄와 죽음에 대한 그리스도의 승리에 대한 자신의 신앙을 확인하는 시간이라고 주장한 점에 루터의 강점과 핵심이 있습

---

6 박정근, "독일 경건주의의 기원 요한 아른트의 아르스 모리엔디", 61-89.

니다.

루터의 이러한 관점은 임종의 순간에 구원이 결정된다는 중세적 관점을 극복했다는 사실이 중요합니다. 무엇보다 아르스 모리엔디와 기독교의 본질로서 복음과의 만남을 추구했다는 사실에 주목해야 할 것 같습니다.

복음 안에서 신앙을 고백하는 순간부터 그는 그리스도의 사람으로 구원을 받았고 천국을 소망하며 살아야 한다는 확신이 루터에게서 찾을 수 있는 중요한 포인트입니다. 그리고 구원받은 후 그리스도인의 자유를 선을 행하는 데 사용해야 할 책무를 기쁘게 수행해야 한다는 것은 업적과 공로를 통해 천국행이 결정된다는 중세적 사고방식과 큰 차이가 있습니다.

이렇게 보면, 중세의 아르스 모리엔디를 극복한 루터의 관점에서 중요한 통찰을 얻을 수 있습니다. 좋은 죽음 혹은 존엄한 죽음은 임종의 침상에서만 결정되는 것이 아닙니다. 오히려, 그가 일생을 통해 어떻게 살아왔느냐의 문제에 주목하게 합니다.

천국이라는 보상을 받기 위해 선행하는 관점을 넘어서, 구원을 받은 이후 하나님의 은혜에 대한 감사의 관점에서 기꺼이 선을 행하고 이웃을 사랑하는 삶을 살아야 한다고 강조한 점이 무엇보다 중요합니다. 잘 살아야 잘 죽는다는 말에 더욱 주목해야 할 이유입니다.

04

내러티브 윤리를
만나다

어느 방송을 보면서 여러 가지 생각이 들더군요. 20여 명의 구술자서전을 모아 출판한 책을 본 며느리가 볼멘소리를 하는 장면이 있었습니다. "우리 시어머니 이야기가 아닌데요? 내가 아는 시어머니 모습이 아니고, 나에 대한 이야기도 너무 일방적인데요?" 억울함을 뿜어내는 인터뷰를 보면서, 조금 씁쓸해졌습니다. 제가 그분들 속사정을 알 길이 없어서 딱히 할 말은 없습니다. 하지만 우리 주변에 흔한 경우들일 수 있겠다는 생각도 들었습니다.

각자의 삶에는 나름의 '사연'이라는 것이 있게 마련입니다. 시어머니의 내러티브와 며느리의 내러티브가 서로 존중을 받아야겠지만, 어긋나는 측면도 있겠군요. 한 가지, 긍정적인 실마리가 있기는 합니다. 삶과 죽음에 관하여 '지침서'를 따르는 것도 중요하지만, 혹은 지침서를 다시 출판하는 것도 나쁘지 않지만, 그 모든 것이 경직된 '의무'로 굳어지는 것만큼은 넘어서야 한다는 교훈을 준다는 점입니다.

지침서와 그에 따른 '의무감'을 넘어서, '이야기(story 혹은 narrative)'를 통해 삶을 되돌아보고 죽음을 준비하는 노력이 필요해 보입니다. 다만, 시어머니와 며느리 이야기에서 볼 수 있는 것처럼 개인의 내러티브를 넘어서는 단계로 나아가는 것이 좋겠습니다. 버전 충돌이 생길 수 있으니까요.

그 모든 이야기를 넘어서는 궁극적인 내러티브에 의해 죽음과 삶을 성찰하는 단계로 나아가는 것이 좋겠습니다.

———

임종, 모두에게 보편적으로 다가오는 순간입니다. 그리스도인에게는 더욱 그리스도인다움이 절실한 순간입니다. 그 실마리를 루터에게서 찾을 수 있었습니다. 그 현대적 계승은 어떻게 해야 할까요? 중세에 시작된 아르스 모리엔디가 공로주의로 채색되어 있다는 사실로부터 복음적 아르스 모리엔디의 길을 제시해주었다는 점에서, 루터의 중요성은 이 분야에서도 빛이 나는 것 같습니다. 루터의 종교개혁적 아르스 모리엔디를 현대적으로 계승하기 위해, 루터의 대중화는 루터 연구 전문가들에게 기대해봅니다.

우리가 관심을 두어야 할 것은 아르스 모리엔디의 본래적 가치, 즉 그리스도인다운 죽음의 의미를 회복하는 문제입니다. 어찌 보면, 그것이야말로 루터의 현대적 계승을 위한 핵심 과제일 수 있습니다. 루터가 중세의 아르스 모리엔디에 잠복된 공로주의를 극복하고 복음적 아르스 모리엔디를 추구했다는 점을 계승하려는 것이니까요. 그리고 죽음문학으로 자리를 잡은 아르스 모리엔디의 본래적 자리를 되찾기 위해서도 복음적 아르스 모리엔디 추구가 필수이고 핵심적인 과제일 듯싶네요.

루터에게 내러티브가 없었다는 뜻은 아닙니다. 루터의 계승을 현대판 지침서의 출판으로만 생각하는 경향에 대해 문제를 제기하는 것입니다. 물론, 그 길도 틀린 것은 아닙니다. 하지만 유일한 길은 아니라는 사실 또한 틀림없습니다. 더구나, 죽음을 '관리'하는 매뉴얼에 머물거나 혹은 죽음을 단순히 육체적·법적·의료적 문제로 환원하며, 개인의 내면적·영적 갈등을 충분히 다루지 못할 우려도 있습니다. 무엇보다 삶과 죽음의 의미 탐색, 그리고 '어떻게 살 것인가'라는 윤리적 질문을 놓칠 수 있다는 점이 문제라고 하겠습니다.

루터의 계승 혹은 현대적 재론을 위해 고려해야 할 것은 루터가 말하고자 했던 핵심가치, 즉 기독교 신앙에 근거한 아르스 모리엔디의 복원에 대해서입니다. 이것을 '내러티브 윤리(narrative ethics)'에서 찾을 수 있을 것 같습니다. 이와 관련하여 아르스 모리엔디에 내러티브 윤리를 적용하면 어떤 장점이 있을지 여러 AI에게 물어보았습니다. 그러자 죽음을 추상적이고 일률적 규범의 문제가 아니라 구체적 삶의 맥락에서 해석하고 준비하게 해줍니다. 그리고 의료현장이나 교육현장에서 죽음과 관련된 두려움, 불안, 미해결 감정 등을 진솔하게 나누고 해소할 것으로 기대됩니다. 나아가, 윤리적 실천과 책임의 내면화라는 장점을 말할 수 있습니다. 임종을 앞둔 사람뿐 아니라 주변인들에게도 삶과 죽음에 대한 태도를 성찰하게 한다는 뜻입니다.

이 책과 강좌의 취지를 정확하게 연결 지어주는 답변도 있었습니다. 삶과 죽음의 연속성을 강조할 수 있다는 점입니다. '잘 죽는 법'이 곧 '잘 사는 법'임을 깨닫게 하며, 죽음을 삶의 일부로 받아들이고, 남은 시간을 어떻게 살아갈지 숙고하게 하여 삶의 질을 높이는 효과가 있다는 뜻입니다. 그리고 죽음과 임종을 둘러싼 다양한 문화적·개인적 차이를 존중하며, 획일적 지침의 한계를 극복하는 데 유리하다는 점도 참고할 부분입니다.[1]

다른 AI의 답변도 크게 다르지 않더군요. 이야기를 통해 도덕적 이해를 증진하고 적용하는 방식을 아르스 모리엔디에 결합하면, 죽음의 과정에 의미와 맥락을 부여함으로써 죽음에 대한 두려움을 완화하고, 죽음을 개인 삶의 연속선

1　AI, 'Perplexity'를 활용했다(검색일: 2025.6.1).

상에서 이해하도록 도울 수 있겠다는 의견이었습니다. 그리고 가족, 친구, 의료진이 죽어가는 사람의 감정, 두려움, 희망을 더 깊이 이해하는 데 도움을 준다는 의견도 있었습니다. 죽어가는 사람에게 필요한 정서적 지지와 돌봄을 제공하며 사별 후 슬픔을 극복하는 데 긍정적 영향을 줄 수 있다는 뜻입니다.

나아가, 죽음에 대한 문화적·사회적 대화를 촉진하여 죽음을 삶의 자연스러운 일부로 받아들이고, 죽어가는 사람과 그들을 돌보는 사람들이 더 나은 죽음을 맞이할 수 있도록 사회적 지원 체계를 강화하는 데 기여한다는 의견도 있습니다. 그리고 죽음의 과정에서 개인의 존엄성과 인간다움을 유지하는 데 핵심적인 역할을 한다고 조언하더군요. 죽음을 맞이하는 사람의 목소리를 듣고, 그들의 삶의 이야기를 존중하며, 마지막 순간까지 그들의 주체성을 인정하는 것을 의미합니다.[2]

이러한 의견들을 참고하시면서, 아르스 모리엔디가 개인들의 내러티브가 아닌 예수 내러티브(Jesus narrative)에 근거한 것이라는 사실을 기억해주시기 바랍니다. 무엇보다 루

---

2 AI, 'Gemini'를 활용했다(검색일: 2025.6.1).

터의 아르스 모리엔디를 현대적으로 바르게 계승하기 위해 예수 내러티브로서의 복음을 '다시' 만나야 할 것 같습니다. 루터가 추구한 아르스 모리엔디의 본질이 복음의 회복이었다면, 오늘의 관점에서는 루터 이후 사라진 복음적 아르스 모리엔디의 회복을 추구해야 하니까요. 바꾸어 말하면, 아르스 모리엔디에서 상실한 복음이라는 본질적 가치에 대한 관심이자 회복을 위한 모색을 뜻합니다.

사실, 루터의 종교개혁은 본질의 회복이었습니다. 초대교회의 복음으로 돌아가자는 운동이었습니다. 이것을 응용하여 표현하자면, 루터의 현대적 계승에서 핵심은 그가 회복시킨 복음적 아르스 모리엔디를 회복하는 문제입니다. 루터가 복음을 통해 아르스 모리엔디의 개혁을 이룬 것처럼, 오늘의 맥락에서 넘쳐나고 있는 아르스 모리엔디의 현대적 버전이라 할 '웰다잉'의 복음적 모색이라고 바꾸어 말할 수 있겠습니다.

여기에서, '다시'라는 표현에는 현재의 결여에 대한 진단과 미래적 회복에 대한 문제의식이 담겨 있습니다. 아르스 모리엔디가 기독교와 무관한 죽음문학으로 계승되고 있는 것과 관련하여, 복음의 상실을 문제시하는 취지라고 하겠습니다. 아울러, 아르스 모리엔디에 있어야 할 복음의 회복을 통해 그리스도인다움을 구현하는 단계로 나아가야 한다는 문제의식이 담겨 있는 것이라고 할 수 있습니다.

이 문제에 관심을 기울이면서, 아르스 모리엔디와 복음의 만남을 시도하고자 합니다. 기독교 내러티브 윤리를 통해 '예수 내러티브(Jesus narrative)'에 충실한 제자 됨을 구현하는 아르스 모리엔디로 나아가기 위함입니다. 바꾸어 말하면, 이것은 아르스 모리엔디와 기독교 내러티브로서 복음의 만남입니다. 사실, 아르스 모리엔디의 중세적 연원이 죽음에서의 그리스도인다움을 위한 것이었다는 점은 우리에게 중요한 시사점입니다. 중세 기독교가 아닌 복음의 관점에서 아르스 모리엔디를 재발견할 필요가 있는 셈입니다.

물론, 내러티브 과잉을 견제하는 목소리가 없지 않습니다. 그렇다고 해서 내러티브를 거부하기보다 내러티브가 무엇을 말해주는가에 관심을 갖는 것이 중요합니다.[3] 아르스

---

3   Peter Brooks, *Seduced by story*, 백준걸 역, 『스토리의 유혹: 내러티브의 사용과 남용』(서울: 앨피, 2023), 45.

모리엔디에 관한 내러티브적 접근의 선행연구들은 중요한 참고사항이겠습니다. 중세적 연원을 지닌 아르스 모리엔디의 본질에 대한 재발견 시도[4]로부터 의료현장에서의 아르스 모리엔디에 대한 성찰,[5] 그리고 현대적 의미의 '호스피스'를 아르스 모리엔디의 관점에서 재조명하려는 연구[6]에 이르기까지 다양한 선행연구를 찾아볼 수 있기 때문입니다.

내러티브와 연관을 지을 수 있는 시도들도 다양하게 나타나고 있습니다. 예를 들어, 회고록을 아르스 모리엔디의 본질과 연관 지으려는 시도,[7] 그리고 아르스 모리엔디를 스토리 혹은 내러티브와의 연관성에서 재조명하는 관점도 참고할 수 있겠습니다.[8] 1830~1880년 사이의 복음주의 기독교인 1,200명 이상의 부고를 분석하여 50년 동안 빅토리아

---

[4] Fernando Espi Forcén, "Ars Moriendi: Coping with death in the Late Middle Ages," *Review Palliat Support Care* 14(5), 2016, 553-560.

[5] K. Thornton, "Performing the good death: the medieval Ars moriendi and contemporary doctors," *Med Humanit* 94(7), 2009, 94-97.

[6] W. Ballnus, "The hospice idea: a new ars moriendi?," *Gerontol Geriater* 28(4), 1995, 242-246.

[7] John Gillman, "Memoirs and the Ars Moriendi," *Pastoral Care Counsel* 73(3), 2019, 160-168.

[8] F. Mathwig, "Enmeshed in stories: The story concept as experiential practice of ars moriendi," *Praxis* 49, 2001, 2157-2162.

시대 영국에서 죽음과 내세에 대한 믿음이 어떻게 변했고 유지되었는지를 분석한 경우[9]도 중요한 선행연구라고 하겠습니다.

선행연구들을 참고하면서, '그리스도인다운 그리스도인(Christian as Christian)'에 대해 집중하려는 것이 이 책의 차별성입니다. 아르스 모리엔디의 확장과 관련하여, 내러티브 윤리를 말하는 것은 제자로서의 죽음을 통해 구현해야 할 요소입니다. 궁극적으로, 예수 내러티브에 근거한 용서의 실천과 부활소망을 담아낸 그리스도인다운 아르스 모리엔디로 나아가야 한다는 문제의식의 반영이라고 하겠습니다.

내러티브 윤리에 접근하기 위해 하우어워스(Stanley Hauerwas)라는 기독교윤리학자를 소개해드리고자 합니다. 그의 관점을 응용하면, 뭔가 길이 열릴 것 같습니다. 루터를 직접 연구하는 것은 그 분야 전공자들의 몫으로 남기면서도 복

---

[9] Mary Riso, *The Narrative of the Good Death: The Evangelical Deathbed in Victorian England* (London: Routledge, 2016)

음적 아르스 모리엔디의 현대적 계승을 위한 길을 찾을 수 있으리라 기대됩니다. 물론, 하우어워스가 이 분야의 전문가는 아닙니다. 다만, 그의 복음에 대한 신앙과 그리스도인다움을 추구하는 제자 됨의 윤리를 응용하려는 취지입니다.

조금 우회하는 방식이기는 하지만, 내러티브 윤리에 대한 관심을 통해 접근하면 될 것 같습니다. 하우어워스의 윤리에 내러티브와 성품 혹은 덕, 그리고 덕의 공동체로서 교회 됨에 관한 이야기들이 담겨 있기 때문입니다. 더구나, 삶과 죽음을 포함하는 그리스도인의 모든 영역에서 그리스도의 주 되심에 대한 신앙고백과 그리스도인다운 성품의 함양을 통해 복음의 증인 되기를 권하고 있습니다.

참고로, 내러티브 윤리에 대해 조금 더 말씀드리겠습니다. '내러티브' 혹은 '이야기'라는 용어를 한자로 쓰면 '서사(敍事)'라는 표현도 가능합니다. '서사적 존재(homo narrans)'라는 말을 쓰는 이유입니다. 인간은 내러티브의 존재라는 뜻입니다. 내러티브는 다양한 분야에서 사용되고 있으며,[10] 내러티브 신학도 그중 하나의 관심 분야입니다. 다만, 그 내

---

10 정수경·강현석, "내러티브 개념의 다양성 탐구", 「내러티브와 교육연구」 3(1), 2015, 23-45.

용은 일반적인 내러티브 연구와 다릅니다. 내러티브에 관심을 두기는 하지만, 예수 내러티브가 주도권을 가지는 구조이기 때문입니다.

대표적으로, 신학자 프라이(Hans W. Frei)가 성경의 내러티브에 대한 인식을 회복시키기 위해 그리스도의 내러티브가 그리스도의 정체성을 보여준다고 말한 것이 중요합니다.[11] 그뿐만 아니라, 맥그래스(Alister McGrath)가 루이스(C. S. Lewis)를 비롯하여 내러티브 윤리의 거장으로 평가하는 마일랜더(Gilbert Meilander)와 하우어워스를 포함한 내러티브 신학을 효과적으로 요약한 것처럼, 내러티브의 존재로서 인간은 예수 내러티브를 통해 '큰 그림'과 '더 나은 이야기'를 만날 수 있습니다.[12]

특히, 하우어워스는 예수 내러티브를 복음의 핵심으로 읽어냅니다. 복음 안에서 그리스도인다움과 제자 됨의 근거를 찾아내는 것은 물론이고, 복음의 증인이 되어야 한다는 과제를 우리에게 던져줍니다. 신학자 중에 이런 분도 계셔

---

[11] 전창희, "한스 프라이의 초기 내러티브 신학에 대한 연구", 「한국조직신학논총」 43, 2015, 109-141.

[12] Alister McGrath, *Narrative Apologetics*, 홍종락 역, 『포스트모던 시대, 어떻게 예수를 들려줄 것인가?』(서울: 두란노, 2020), 9-68; 127-153.

야 하지 않을까요? 고등한 학술이론을 통해 신학을 풀어내는 분도 필요하지만, 복음 안에서 그리스도인의 윤리와 그리스도인다움의 과제를 말해주는 신학자도 필요한 것 아닐까요?

루터가 아르스 모리엔디와 복음의 만남을 이루어낸 것처럼, 오늘의 맥락에서 아르스 모리엔디가 그 본래적 가치, 즉 복음을 상실한 채 죽음문학과 웰다잉 운동으로 쏠리고 있는 정황에서, 복음을 다시 만나야 할 것 같습니다. 삶과 죽음에서 그리스도인다움을 구현하기 위해서 말입니다. 혹은 죽음에서, 삶에서 복음의 증인이 되는 삶을 구현하기 위해서라도 하우어워스의 내러티브 윤리를 응용하면 좋겠다는 생각이 듭니다.

물론, 하우어워스의 관심사에 아르스 모리엔디가 핵심인 것은 아닙니다. 하지만 그가 낙태(인공임신중절, abortion) 문제를 비롯하여 결혼과 성 문제를 포함한 여러 주제를 다루고 있다는 점에서, 직접적으로 아르스 모리엔디를 다루지 않았다는 것만으로 그를 이 주제에서 배제할 필요나 이유는 없을 것 같습니다. 오히려, 하우어워스가 제시하는 내러티브 윤리 혹은 기독교 덕 윤리를 통해 더욱 확장적이고 응용적인 읽기의 가능성을 볼 수 있을 것 같습니다. 무엇보다 그가 삶과 죽음에서 복음의 증인 됨을 말해줄 단초를 지니고 있기 때문입니다.

그리스도인의 정체의식을 '복음의 증인(witness of Gospel)'이라고 규정한 하우어워스는 2001년 『타임』(*Time*)이 '최고의 신학자(the Best Theologian)'로 선정했을 정도로 유력한 기독교윤리학자입니다. 하지만 그것이 하우어워스에게 주목하는 유일한 이유는 아닙니다.[13] '그리스도인 됨'에 관하여, '교회 됨(being Church)'에 관하여, 그리고 '제자 됨(being Disciple)'에 관하여 중요한 통찰을 주기 때문입니다.[14]

하우어워스에게 복음이란 '네 권의 복음서'를 뜻하는 것인 동시에 예수 그리스도의 말씀과 사역을 뜻합니다. 나

---

[13] 2010년 듀크대학 연구실에서 만날 기회가 있었다. 『교회됨』(*A Community of Character*)을 번역할 때였다(拙譯이 되고 말았다). 하우어워스가 'best'라는 평가어는 신학에 어울리지 않는다고 말하면서 그해에 일어난 9.11테러를 안타까워하던 모습이 기억난다. 어쨌든, 미디어들이 신학자에게 주목한다는 것 자체는 그에게 주목할 요소가 있음을 보여준다.

[14] 이 책의 93-102쪽은 다음 글을 요약하고 수정한 것임을 밝혀둔다. 문시영, "『고백록』의 내러티브 윤리와 그리스도인의 자서전", 「기독교와 문화」 23, 2025, 1-35.

아가, 예수 그리스도의 이야기로 형성된 교회 공동체의 구성원을 이끌어주는 삶의 훈련을 위한 매뉴얼이기도 합니다.[15] 다만, 현대인문학에서 사용하는 '내러티브(narrative, 敍事)' 내지는 '이야기(stroy)'로 진술되고 있다는 점이 흥미로운 부분입니다. 특히, 현대 덕 윤리(virtue ethics)를 주도하는 매킨타이어(Alasdair MacIntyre)와의 교류에서 하우어워스를 읽어야 합니다.

하우어워스에 따르면, 인간의 자아 혹은 정체의식은 내러티브로 형성됩니다.[16] 그리고 인간은 내러티브로부터 자유로울 수 없습니다.[17] 이 부분은 매킨타이어가 인간을 서사적 혹은 내러티브의 존재라고 말했던 것과 유사해 보입니다. 하지만 하우어워스는 여기에서 한 걸음 더 나아갑니다. 내러티브에 대한 관심이 중요하지만, 정말 중요한 것은 내러티브의 '종류(kind)'이기 때문이지요.[18] 그리스도인은 '예수 내러티브(Jesus narrative)'로 형성됩니다. 하우어워스에 따

---

15 Stanley Hauerwas, *A Community of Character*, 문시영 역, 『교회됨』(성남: 북코리아, 2010), 107.

16 Stanley Hauerwas, *The Peaceable Kingdom*, 홍종락 역, 『평화의 나라』(서울: 비아토르, 2021), 103.

17 Stanley Hauerwas, 『교회됨』, 246.

18 같은 책, 20.

르면, 그리스도인은 십자가에 못 박히신 구세주의 이야기를 기억하고 전하기 위한 존재들입니다.[19]

주목해야 할 또 하나의 개념은 '증인'입니다. 사실, 증인은 예수 그리스도께서 친히 요청하신 사항입니다. "땅끝까지 이르러 내 증인이 되리라"(행 1:8)는 말씀에 사용된 증인은 헬라어 '마르투스(μαρτυs)'이며 '순교자(martyr)'라는 말이 여기에서 유래되었습니다. '그리스도인은 어떤 존재여야 하는가?' 그리스도인은 '복음의 증인'이어야 한다는 것이 핵심입니다.[20] 하우어워스에게 '그리스도인 됨(being a Christian)'[21]은 '제자 됨(being disciple)'을 뜻하며 '증인 됨(being witness)'을 요청합니다.

그 절정에 그리스도의 '주 되심(Lord-ship)'에 대한 고백이 있습니다. 그리스도의 주 되심에 대한 고백은 그리스도인 삶의 모든 영역에 해당합니다. '나이 듦(aging)'과 죽음의 문제에 대해서도 예수 그리스도의 내러티브가 필수이며, 그

---

19 같은 책, 103.
20 같은 책, 30.
21 Stanley Hauerwas, *Character and the Christian Life: A Study in Theology Ethics* (Noter Dame, IN: University of Notre Dame Press, 1985), 183.

리스도의 주 되심에 대한 고백이 요청됩니다.[22] 하우어워스에 따르면, 그리스도인은 초대교회 제자들처럼 예수 이야기를 자신의 것으로 받아들이고 복음에 충실한 존재가 되어야 합니다.[23] 이야기는 단지 말하고 듣는 것만으로 이해되는 것이 아니라 그 이야기대로 살아간 사람들을 본받고자 할 때 이해될 수 있기 때문이지요.[24]

하우어워스를 따라, 복음의 증인 됨에 관심을 기울이면서 생각할 것이 있습니다. '다른 복음'에 대한 경계입니다. 예를 들어, 복음을 가장한 율법주의를 경계하는 것이 중요합니다. 무엇보다 '자기 의(自己 義, self-righteousness)'를 초래하는 위험천만한 유혹이기 때문이지요. 삶과 죽음에서, 하나님의 은혜를 말하기보다 자신의 기념비를 세울 위험이 큽니다. 위선과 가식으로 다른 사람들을 비난하고 정죄하며 심판하는 율법주의자가 되어서는 복음의 증인일 수 없습니다. 굳이 복음의 내러티브에서 의로움을 말하라고 한다면,

---

22 Stanley Hauerwas, Carol B. Stoneking, Keith G. Meador, and David Cloutier, *Growing Old in Christ*, 이라이프아카데미 역, 『그리스도 안에서 나이 듦에 관하여』(서울: 두란노, 2021), 286.

23 Stanley Hauerwas, 『교회됨』, 113.

24 같은 책, 292.

그것은 선행에 관한 것이 아니라 그리스도를 신실하게 따르느냐의 문제라고 하겠습니다.[25]

또 하나의 위험은 복음이라는 이름으로 포장된 탐욕 문제입니다. '번영의 복음(gospel of prosperity)'이 그것입니다. '번영신학(prosperity theology)'이라고도 표현되며 '성공의 복음(gospel of success)', '건강과 부의 복음(the health and wealth gospel)' 같은 별칭도 있습니다.[26] 번영신학은 재정적 번영과 성공을 말하지만, 결과적으로는 세상에 대해 '나쁜 증인'이 되게 하고 맙니다. 복음의 증인이어야 할 그리스도인이 탐욕에 놀아나게 된다면 그것은 도덕적 비난의 대상이 되는 단계를 넘어 '치명적'입니다. 그리스도에 대한 순종을 거절

---

25 Stanley Hauerwas, *The Character of Virtue*, 홍종락 역, 『덕과 성품』(서울: IVP, 2019), 200.

26 『바벨탑에 갇힌 복음』(*Christianity in Crisis*)에서, 해네그래프(Hank Hanegraaff)는 '결함들'을 뜻하는 'FLAWS'에 맞추어 각각의 단어가 지닌 '믿음운동'의 결함들을 지적한다.

 - F(Faith, 믿음): 기독교의 하나님이 아니라 믿음 그 자체에 대한 믿음이다.
 - L(Little gods, 작은 신들): 인간을 하나님의 복제로 여겨서 인간을 신격화한다.
 - A(Atonement Atrocitiesm, 엉터리 속죄론): 거듭나면 신과 같아진다고 여긴다.
 - W(Wealth and Want, 부와 가난): 부를 축복으로 받게 한다고 강조한다.
 - S(Sickness and suffering, 질병/고통): 믿음으로 건강이 보장된다고 생각한다.

하는 것과 다름없기 때문입니다.[27] 복음의 증인으로 예수 그리스도의 내러티브를 살아내야 할 그리스도인으로서 깊은 자성과 함께 복음 안에서 성찰해야 할 과제입니다.

다시 하우어워스에게로 돌아가 볼까요? 그는 예수 그리스도의 내러티브에 충실하게 살아감으로써 복음의 증인이어야 한다는 과제를 제시합니다. 예수 그리스도의 내러티브 '안에 들어가 살기'를 배우는 제자가 되어야 한다는 뜻입니다. 하우어워스에 따르면, "우리는 예수가 되라고 부르심을 받은 것이 아니라 그분을 닮으라고 부르심을 받았습니다."[28] 또한 "우리는 제자가 되라는 부르심을 받았습니다. 그 부르심은 착하게 살라는 일반적 조언 정도가 아니라, 하나님께서 십자가에서 우리를 위해 행하신 구원의 역사를 통해 가능해진 삶과 방식을 채택하라는 명확한 요구입니다."[29]

이것은 증인 됨을 위해 예수 그리스도의 내러티브를 내 삶의 내러티브로 받아들이고 그 내러티브에 따라 신실하게 살아가야 함을 말해줍니다. 삶과 죽음에 관해서도 다르지 않

---

27 문시영, "탐욕의 길 vs. 제자의 길: 본회퍼 윤리의 한 응용: 『나를 따르라』를 중심으로", 「한국기독교신학논총」 98, 2015, 182.

28 Stanley Hauerwas, 『평화의 나라』(서울: 비아토르, 2012), 175.

29 같은 책, 97.

습니다. 예수 그리스도께서 죽음을 이기고 부활하신 것을 믿고, 부활소망을 따라 살아야 마땅합니다. 또한 주 되신 그리스도를 향한 신앙으로 '자기 의'를 극복하며 용서와 화해를 구현해야 합니다. 이 책에서 전해드리고 싶은 핵심입니다.

―――――

이해를 돕기 위해 예를 하나 들어보려 합니다. '구술자서전'이라고 들어보셨나요? 회고록 혹은 자서전(autobiography as ars moriendi)에 대한 관심이 커지고 있는 현상과 관련하여 '나의 아르스 모리엔디 쓰기(writing my own ars moriendi)'를 생각해볼 수 있겠습니다. 사실, "자서전 쓰기는 노인 정체성 형성에 중요한 의의를 지니고 있으며"[30] "생산적 노화(active aging)를 지원"하는 의미가 있습니다.[31]

또 다른 측면에서 짚어야 할 것도 있습니다. 다양한 관심에서 구술자서전이 넘쳐나고 있음은 미디어를 통해 확인

---

[30] 임순철 · 김예란, "노년의 자기재현으로서의 자서전과 정체성 형성", 「한국출판학연구」 41(3), 2015, 111-132.

[31] 박성희, "노인 자서전쓰기에 나타난 생애사 학습의 의의", 「질적탐구」 2(1), 2016, 181-204.

되지만, 기업가나 정치인의 성공 스토리와 과시용 자서전을 벤치마킹하는 경향은 넘어서야 하지 않을까요? 구술자서전이 자기 삶의 궤적을 일방적으로 미화하거나 자기 기념비를 세우는 데 흐르지 않도록 경계해야 한다는 이야기를 생략할 수 없을 것 같습니다.

자서전과 회고록의 일반적 경향이라고 할 수 있는 '성공의 과시' 내지는 '자기 기념비'를 세우려는 시도들의 대척점에 있습니다. 오히려, 하나님의 주 되심에 대한 고백에서 죄를 용서받은 자의 정체성을 말하는 단계로 나아가야 합니다. 삶의 엉킨 매듭을 용서의 윤리를 통해 풀어내는 그리스도인다운 아르스 비벤디를 추구해야겠습니다. '죄'에 대한 인식을 바탕으로 용서받아야 할 존재 혹은 구원받아야 할 존재로서의 정체의식을 가져야겠습니다. 그리고 성공지향의 사회에서 지독한 자기미화로 흐르는 성공 내러티브로부터 용서와 구원의 예수 내러티브로의 전환이 절실하다고 하겠습니다.

가능하다면, 그리스도인다운 구술자서전에 관심을 가질 필요가 있겠습니다. 노년이 되고 죽음을 맞이할 때까지, 그리스도인은 예수 그리스도의 내러티브를 따라 제자도를 살아내야만 하는 존재들이지요. 이러한 뜻에서, 아르스 모리엔디를 기독교 안에서 대중화 혹은 '교회적(ecclesial)' 이슈로 확대해야 할 것 같습니다. 구술작가와 협업하여 집필하고 여러 명의 이야기를 모은 그룹 자서전 형태로 교회가 후원하여 POD 방식으로 출판하도록 돕는 것도 적극 추천하고 싶네요.

구술자서전을 써야 한다는 이야기가 아닙니다. 그리스도인다운 삶의 아르스 비벤디에 관심을 기울여야 한다는 뜻입니다. 예수 내러티브에 충실한 구술자서전 쓰기를 통해 그리스도인다움을 확립하는 것이 중요하기 때문입니다. 그것은 아르스 모리엔디의 현대적 재론에서 본질에 충실하게 루터를 계승하기 위한 시도가 무엇인지를 보여주는 하나의 예라고 할 수 있습니다. 아르스 모리엔디 계승이 임종 지침서 재현에서 구현되는 것이라기보다 삶과 죽음에 관한 본질적 내러티브의 회복에 있다는 뜻입니다.

아르스 모리엔디의 현대적 정황에는 양면성이 있는 것 같습니다. 웰다잉 활동을 통한 아르스 모리엔디에 대한 관심이 커지고 있는 것은 그 자체로 의의가 크다고 할 수 있습

니다. 하지만 기독교적 연원을 지닌 아르스 모리엔디를 '종교와 무관한 죽음문학' 내지는 '신앙과 무관한 웰다잉 활동'으로 여기고 있는 현상은 우려스러운 부분입니다. 무엇보다 '죽음에서의 본질적 내러티브'를 놓칠 수 있기 때문이지요.

일부에서 말하는 것처럼[32] 루터를 계승하는 것이 임종지침서의 재현이라고만 할 수는 없습니다. 그렇다고 해서 죽음문학이 그 자리를 온전히 대체할 수 있다는 생각 또한 옳지 않습니다. 본질에 대한 인식이 있어야 합니다. 아르스 모리엔디의 본질은 좋은 죽음을 위한 내러티브에 있으며, 그것을 바탕으로 좋은 삶을 위한 아르스 비벤디로 나아가는 것이라고 할 수 있습니다. 그런 뜻에서, '잘 살아야 잘 죽는다'라는 명제를 소환해주시기 바랍니다.

---

32 박정근, "중세 후기 아르스 모리엔디와 루터의 개혁: 중세 아르스 모리엔디 문헌과 루터의 『죽음 준비의 설교』를 중심으로", 45-84.

05

잘 죽기 위한,
아르스 모리엔디

청춘, 많은 것을 성찰하며 성숙해가는 시기입니다. 죽음에 대한 성찰 역시 놓칠 수 없는 과제입니다. 특별히, 생애주기에서 죽음으로부터 멀리 떨어져 있는 시기라고 생각하기 쉬운 청춘들에게도 중요합니다. 사실, 청춘이 죽음이라는 이슈를 몰라서 문제인 것은 아닙니다. 죽음의 인식을 통해 삶의 바른 가치관을 세우도록 일깨우기 위해 어떻게 접근하는 것이 좋을지, 그것이 문제일 따름입니다.

셸리 케이건의 『죽음이란 무엇인가?』라는 책은 이 주제를 효과적으로 재론해준 것으로 평가할 수 있겠습니다. 예일대학교 4학년 학생 이야기가 나옵니다. 1학년 때 시한부 인생을 선고받은 학생이 죽음을 앞두고 자신이 진정으로 원하는 것이 대학 졸업이라는 점을 확신하고 불치병과 싸우며 학업에 임하다가 4학년 1학기에 멈춰야 했다고 합니다. 다행히, 대학의 배려로 죽기 전에 졸업을 통보받아 원하던 것을 얻고 세상을 떠났다는 이야기입니다.

케이건은 이 사례를 통해 살아있는 동안의 존엄에 대해 혹은 삶의 가치에 대한 바른 인식과 태도의 중요성을 교훈합니다. 하버드대학교의 '정의(Justice)', '행복(Happiness)'이라는 강좌와 더불어 아이비리그 3대 인문학 강좌로 '죽음(Death)'이 청춘들에게 중요한 관심사로 떠올랐다는 것은 매우 고무적인 일입니다. 특히, 죽음을 '멀리 있는 것'으로 생각하기 쉬운 청춘들에게 중요한 교훈을 주고 있다는 점에서 의미가 크다고 하겠습니다.

―――――――

케이건이 예일의 청춘들에게 어필할 수 있었던 데는 여러 요인이 있었을 것으로 추정됩니다. 교탁 위에 올라가 앉은 채로 강의하는 우스꽝스러운 강의 몸짓도 흥미를 더하는 요인이었을 듯싶군요. 일방통행으로 어려운 이야기를 내뱉기보다 대화와 소통을 유도하는 스타일도 한몫했을 것 같습니다.

문제는 케이건의 '콘텐츠'입니다. 현대인, 특히 청춘에게 삶과 죽음의 가치를 일깨워준 것 자체로 의미가 큽니다. '메멘토 모리'의 현대판이라고 할 수 있을 정도로 중요해 보입니다. 하지만 "죽음은 그것으로 끝이며 영생이란 없다"는 주장을 두고 의견이 엇갈리며 찬반 논변이 뒤따르고 있는 셈이지요. 책을 읽어보면, 죽음은 '삶의 끝'이고, '삶의 소멸'입니다.[1] 더구나, 영생에 대한 기대를 거부하는 부분에서 케

―――――――

1   다음 책을 참고하기 바란다. Shelly Kagan, *Death*, 박세연 역, 『죽음이란

이건의 의견은 확고해 보입니다.

케이건에 따르면, 인간은 육체와 영혼으로 구성되어 있지 않고 육체로만 존재하며, '영혼'이나 '정신'이라는 말이 있기는 하지만 육체로서의 인간이 지닌 고차원적 기능들을 지칭하는 것에 지나지 않습니다. 나아가, 죽음은 끝이자 소멸이며 죽음 이후의 영원한 생명에 대해 말할 필요도 없다고 합니다. '물리주의(physicalism)'를 선언하면서 "인간(person)은 다양한 'P' 기능을 하는 육체"라고 단언하는 셈입니다.

그 결과, 케이건의 물리주의는 죽음이란 삶의 끝이고 소멸이라고 단정 짓게 됩니다. 죽음 이후의 그 무엇을 가정하는 것은 논리적 오류로 여기는 케이건에게 영혼이라는 것도 없고 영혼 불멸도 의미가 없게 됩니다. 현재의 삶이 순탄하지 않은 경우 죽음 이후에도 영혼이 불멸하여 그렇게 살게 된다면 끔찍한 괴로움이 될 것이며, 현재의 삶이 순조로운 경우 죽음 이후에도 영혼이 불멸하여 그렇게 지속된다면 지루한 삶이 되리라고 주장합니다.

무엇인가?』(서울: 웅진지식하우스, 2023)
* 이 책을 가장 잘 분석한 다음 글을 참고했다. 백충현, "셸리 케이건의 『죽음이란 무엇인가』에 대한 신학적 비판과 응답", 「한국조직신학논총」 50, 2018, 99-131.

죽음 이후에 무언가가 지속된다는 영혼 불멸의 개념이 좋은 것만은 아니라는 케이건의 관점은 삶과 죽음에 대한 그의 인식이 물리주의 내지는 육체일원론에 기초한 단견임을 보여줍니다. 하지만 이는 동의할 수 없는 부분입니다. 더구나, 영혼 불멸을 말하면서 죽음 이후의 질적 변화를 배제한 점에 대해, 그리고 현세와 동일한 정황의 지속일 것이라고 단정한 것 자체는 독단이자 오류라는 사실을 반드시 지적해두어야 할 것 같습니다.

주목할 것은 죽음에 대한 이러한 관점을 토대로 삼아 '죽음을 인정하며 신중하게 살아갈 것'을 권했다는 사실입니다. 그리고 유일회적인 삶의 가치를 소중히 여기도록 이끌어준다는 점에서, 케이건의 물리주의가 결론에서는 삶의 실존성과 유일회성 등을 고심했던 실존주의 철학자들의 그것과 유사한 흐름을 보인다는 사실은 꽤나 흥미로운 부분입니다. 죽음에 대한 인식과 삶의 가치관에 대한 이야기에서 공유되는 부분인 것 같습니다.

케이건에 따르면, 스스로 중요하다고 여기는 것이라면, 그것이 그 사람의 삶에 변화를 주어야 하고, 삶의 우선순위에 변화가 있어야 합니다. 여기에 '메멘토 모리'를 적용해볼까요? 죽음이 있음을 안다면, 그것을 의식하면서 살아야겠지요. 하지만 "대부분 자신에게 죽음이 있음을 알지만, 그것을 진정으로 의식하거나 믿지 않는 상태에 있다"는 케이건의 지적에는 꽤나 설득력이 있어 보입니다.

이어서, 케이건은 이렇게 말합니다. "아마도 우리 모두 자신이 언젠가 죽을 거라고 스쳐 지나가듯 말하지만, 근본적인 차원에서는 이를 받아들이지 않고 있다는 사실일 것이다. 그런 믿음은 절대 살아있는 믿음이 아니다. 사람들은 자기 죽음에 대해 '일관적인' 믿음을 갖고 있지 않다." 여기에서, 일관적이지 않다는 것은 죽음이 있음을 알면서도 죽음이 없는 것처럼 인생을 마음대로 사는 모순적 태도를 말합니다.

케이건은 죽음에 대한 부정, 인정, 무시의 태도 중에서 가장 훌륭한 것은 '인정'이라고 주장합니다. "죽을 것이라는 사실에 직면해 가장 바람직한 방향으로 살아가고자 노력하는 것"을 뜻합니다. 그것은 죽음이 우리의 행동에 변화를 일으키도록 사는 것이고, 삶에 동기를 제공하고 근거를 제공할 수 있도록 사는 것이며, 죽음에 대한 두려움 대신에 '하나뿐인 삶에 감사하며 조심스럽게 사는 삶'이라고 말합니다.

케이건의 주장이 절대적인 걸까요? 다른 길은 없는 걸까요? 아르스 모리엔디의 현대적 계승을 위한 구체적인 예를 소개할까 합니다. 이 부분에서, 아르스 모리엔디의 기원이 기독교에 있다는 사실을 기억해주시기 바랍니다. 그 배경에서, 이미 앞 장에서 말씀드린 하우어워스를 조금 더 소개할까 합니다. 아르스 모리엔디의 현대적 계승에 응용할 만한 내러티브 윤리에서 중요한 인물이기 때문입니다. 특별히, 예수 내러티브에 근거한 삶과 죽음을 말하는 과정에서 소중한 통찰을 주고 있습니다.

예수 내러티브의 윤리를 아르스 모리엔디에 적용하는 데는 이유가 있습니다. 죽음을 회피해야 대상이 아니라, 삶 전체의 윤리적 완성으로서 바라볼 수 있게 할 것으로 기대되기 때문입니다. 루터의 아르스 모리엔디가 죽음을 개인의 영적 준비 과정으로 제시했다면, 예수 내러티브의 윤리는 죽음을 공동체 안에서 함께 경험하고, 고통 속에서도 희망과 사랑을 발견하는 과정으로 전환시켜줍니다. 나아가 호스피스, 임종 돌봄, 죽음 교육 등에서도 실질적이고 깊은 통찰을 제공할 수 있으리라 기대해봅니다.

무엇보다 죽음을 윤리적 증언의 기회로 인식할 수 있으리라 기대됩니다. 임종 순간은 단지 생물학적 종말이 아니라, 예수 내러티브를 증언하는 기회가 될 수 있습니다. 부활 소망의 내러티브는 그 핵심 중의 핵심이라고 할 수 있습니다. 이러한 뜻에서, 아르스 모리엔디에 예수 내러티브를 적용하면 단순한 죽음 준비를 넘어선 영적이고 윤리적인 차원을 더해주리라 기대해봅니다.

하우어워스가 예수 내러티브의 윤리를 통해 십자가와 부활을 강조한 것은 특별히 주목할 부분입니다.[2] 하우어워스가 보기에, 죽음의 문제에서 예수 내러티브는 필수적이고도 본질적입니다. 말하자면, 삶과 죽음의 문제를 다루는 핵심가치는 십자가를 중심으로 하는 예수 내러티브에 있습니다. 하우어워스에게서 예수 그리스도의 십자가는 그리스도인 됨의 근거라고 하겠습니다.

그의 책 『십자가에 달리신 예수』(*Cross-Shattered Christ*)에서, 하우어워스는 예수 그리스도께서 십자가에서 남기신 일곱 마디 말씀을 묵상합니다. 그리고 그리스도인의 공동체가

---

2   이 책 111-115쪽의 내용은 다음 글을 요약하고 수정한 것임을 밝혀둔다. 문시영·이정선, "죽음준비교육의 내러티브적 접근: 하우어워스를 응용하여", 「장신논단」 55(3), 2023, 131-153.

자신들의 이야기를 바르게 유지해야 할 필요를 말합니다. 무엇보다 강조하려던 것이 있습니다. 하우어워스는 예수 그리스도의 십자가와 부활을 통해 제시되는 소망을 통해서만 미래를 말할 수 있다고 강조합니다.[3]

십자가에 달리신 예수를 통해, 십자가에 근거한 교회를 말하는 하우어워스에게서 예수 내러티브의 정점은 십자가에 있습니다. 그리고 십자가에 그리스도인의 삶과 죽음에 관한 모든 이야기가 담겨 있습니다. 그것은 부활소망의 내러티브이자 복음의 증인 됨을 위한 내러티브입니다. 하우어워스를 아르스 모리엔디에 굳이 응용하려는 이유가 여기에 있습니다. '복음의 증인 됨'이라는 표현에 '꽂힌' 셈입니다. 그 단어에 착안한 것이지요.

심지어, 순교에 대해서도 다르지 않습니다. 하우어워스에 따르면, 초대교회의 주된 관심은 '예수 그리스도는 누구이신가?'의 문제였고, 그리스도의 제자 됨을 위한 '제자도'에 주목했습니다. 예수의 증인 됨이 중요했고, 박해가 닥쳐왔을 때 '순교'는 증인 됨의 표현이었다는 것이 하우어워스

---

3   Stanley Hauerwas, *Cross-Shattered Christ*, 신우철 역, 『십자가 위의 예수』 (서울: 새물결플러스, 2009), 18.

의 해석입니다.[4] 이것은 예수 내러티브와 그 공동체로서의 교회가 죽음을 어떤 관점에서 인식해왔는지를 보여주는 중요한 단초입니다.

하우어워스에 따르면, 예수께서 십자가에서 처형된 강도에게 '낙원(paradise)'에 있을 것이라고 하신 말씀은 단순한 인사치레가 아니었습니다. '예수 그리스도와 함께 있는 곳'을 낙원이라고 말씀하셨다는 점이 중요합니다. 이것은 죽음의 두려움을 넘어서 부활의 소망을 말하는 예수 내러티브의 중요성을 확인해줍니다. 하우어워스에 따르면, 그리스도인에게 죽음이란 주와 함께 낙원에 있게 되는 사건이며 예수를 본받는 법을 배움으로써 그리스도인은 하나님 생명의 일부가 되고 그 안에서 진정한 본향을 발견할 수 있습니다.

이처럼, 하우어워스는 그리스도인의 삶을 형성하는 데 있어서 예수 그리스도 중심성을 놓치지 않습니다. 그것은 죽음의 문제에서도 예수 그리스도의 제자 됨을 강조한 것으로 읽을 수 있겠습니다. 이러한 뜻에서, 하우어워스에게서 주목할 것은 십자가와 죽음, 그리고 부활의 복음에 대한 강

4　Stanley Hauerwas and Samuel Wells, eds., *The Blackwell Companion to Christian Ethics* (Oxford, UK: Wiley-Blackwell, 2006), 41.

조입니다. 하우어워스가 보기에, 죽음의 문제에서 예수 내러티브는 필수적이고도 본질적입니다. 삶과 죽음의 문제를 다루는 과정에서 놓치지 말아야 할 핵심가치는 십자가를 중심으로 하는 예수 내러티브에 있습니다.

> 십자가는 예수의 삶에 우연한 그 무엇이 아니라, 예수의 삶과 사명의 분명한 열매이다. 그의 죽음에는 결정적 의미가 있다. 그의 죽음만이 우리를 구원한다는 뜻에서만 아니라, 죽음이 그의 삶의 목적이요 완성이라는 뜻에서도 그렇다. 죽으심을 통해 예수는 자신이 수행해야 할 사명을 완수하셨다.[5]

이 문장에서 볼 수 있듯이, 하우어워스에게서 예수 그리스도의 십자가는 그리스도인 됨의 근거라고 하겠습니다. 예수 내러티브에서 십자가에 대한 강조는 하우어워스가 자신의 두 권의 저서에서 'Cross-Shattered'로 '라임'을 맞춘 제목과 내용들을 통해서도 확인할 수 있습니다. 하우어워스의 두 책은 예수 내러티브의 핵심이 십자가 사건에 있음을

---

5   같은 책, 106.

보여주고, 오늘의 교회와 그리스도인이 십자가를 따르는 공동체가 되고 복음의 증인으로서 예수 그리스도의 제자가 되어야 함을 말해줍니다.

『십자가에 근거한 교회』(*Cross-Shattered Church*)에서,[6] 하우어워스는 우리 시대의 교회가 십자가에 달려야 한다고 말합니다. 그는 십자가와 부활 사건에 주목하면서 예수 내러티브에 근거한 교회적 관심이 필요하다고 강조합니다. 하우어워스가 보기에, 교회는 세상 조류에 휩쓸리거나 사회정책을 위한 보조기관쯤으로 전락해서는 안 됨에도 우리 시대의 교회는 혼란에 빠져 있습니다. 그 혼란은 '십자가에 못 박힌 교회(cross-shattered church)'가 되지 못한 데서 기인한다는 것이 하우어워스의 진단입니다.[7]

이처럼, 하우어워스는 그리스도인의 삶을 형성하는 데 있어서 예수 그리스도 중심성을 놓치지 않습니다.[8] 그것은 죽음의 문제에서도 예수 그리스도의 제자 됨을 강조한 것으

---

6   직역하면, '십자가에 못 박힌 교회'이지만, 문맥과 라임을 고려한 필자의 의역이다.

7   Stanley Hauerwas, *Cross-Shattered Church* (Grand Rapids, MI: Brazos Press, 2009), 20.

8   같은 책, 20.

로 읽을 수 있겠습니다. 하우어워스에 따르면, "제자가 된다는 것은 예수 그리스도께서 십자가를 순종하여 이루신 새로운 공동체, 새로운 정치의 구성원이 되는 것을 뜻하며 복음은 그 새로운 정치를 위한 헌법"에 해당합니다.

이처럼, 하우어워스를 아르스 모리엔디에 응용할 단초들을 찾아보는 것이 중요합니다. 무엇보다 '복음의 증인'이 아르스 모리엔디보다 더 핵심적인 가치이기 때문입니다. 좀 더 읽어볼까요? 하우어워스에게서 복음서는 단지 인간에 대한 설명이 아니라, 새로운 공동체의 구성원이 되기 위해 필요한 훈련의 근간입니다. 제자가 된다는 것은 그리스도의 이야기를 자신의 이야기로 삼는 것을 뜻하며, 하나님의 통치영역에 들어가는 것을 뜻합니다.[9] 제자 됨을 통해서만 십자가와 부활의 의미를 이해할 수 있을 것이기 때문입니다.[10]

중요한 것은 예수 내러티브로서의 복음을 나의 내러티브로 받아들이고 복음대로 행하는 것입니다. 이것을 설명해주는 사례가 하우어워스가 내러티브 윤리를 통해 아우구스티누스의 『고백록』(*Confessiones*)을 해석한 부분에 나옵니다.

---

9   Stanley Hauerwas, 『교회됨』, 107.
10 Stanley Hauerwas, 『평화의 나라』, 93.

하우어워스는 아우구스티누스가 마니교의 거짓 교리를 극복하고 예수 내러티브의 관점에서 스스로를 새롭게 발견하며 변화된 삶을 추구했다는 사실에 주목합니다. 아우구스티누스가 '복음 이야기(gospel story)'에 다가섬으로써 복음을 자신의 이야기로 받아들이고, 복음의 내러티브를 따라 스스로의 삶과 성품을 형성해나가려 했던 것이라는 해석입니다.[11]

이러한 흐름에서, 하우어워스는 삶과 죽음의 문제에 대해서도 예수 내러티브의 중요성을 강조합니다. 픽션이기는 하지만 현실과 무관하지 않다는 단서를 붙인 이야기에서, 하우어워스는 '죽어가는 한 어린이(A Child's Dying)'를 소개합니다. 그리고 하나님은 이 고통의 문제를 어떻게 다루실 것인가를 두고 여러 관점 중에서 신정론과 마주합니다. 어린이의 죽음과 관련하여, 하나님은 어떤 분이신가에 대한 논란에 휩쓸리기보다 어린이의 죽음이라는 고통, 그리고 그 가족의 고통이라는 문제들을 어떻게 이끌어갈 것인가에 대한 고민을 신정론의 고정관념 아닌 또 다른 방식으로 풀어

---

11 Stanley Hauerwas, David Burrell, & Richard Bondi, eds., *Truthfulness and Tragedy: Further Investigations into Christian Ethics* (Notre Dame, IN: University of Notre Dame Press, 1977), 34.

내려는 취지인 듯싶군요.[12]

하우어워스는 신정론을 되풀이하는 일반적인 설명법을 넘어서 그 실천적 재해석을 통해 '통제할 수 없음' 속에서 '답 없이 살아가기(to live without answer)'를 추구합니다.[13] 이것은 '통제할 수 없음' 가운데 신정론에서 제시하는 것만 정답으로 삼을 것이 아니라 고통에 대한 하나님의 음성을 들으라고 권하는 것이라고 할 수 있겠습니다. 질병을 포함한 고통에 직면하게 될 때, '선하신 하나님이 왜 이러실까?' 하는 의심보다 고통 속에서 하나님의 뜻을 배워가야 한다는 충고이지요.

하우어워스는 자신이 겪은 가족 문제는 물론이고 장애인 문제 등을 포괄하는 여러 주제에 대한 해석을 통해 고통 속에서 그리스도인다운 성품 함양이 지닌 의의를 확인해줍니다.[14] 이 부분이 특히 주목할 포인트입니다. 예수 내러티브를 근간으로 하는 아르스 모리엔디로 나아가야 하기 때문

12　Stanley Hauerwas, *God, Medicine, and Suffering* (Grand Rapids, MI: Eerdmans Publishing, 1994), 1-38.

13　Stanley Hauerwas, *Hannah's Child: A Theologian's Memoir*, 홍종락 역, 『한나의 아이』(서울: IVP, 2016), 375.

14　문시영, "고통의 문제에 대한 덕 윤리의 통찰: 하우어워스를 중심으로", 「장신논단」 52(5), 2020, 131-152.

이지요. 응용하여 말하자면, 복음에 근거한 아르스 모리엔디일 때 그리스도인다움의 구현을 말할 수 있다는 뜻이 되겠습니다.

이처럼, '그리스도인 됨(being a Christian)'의 문제를 강조한 것[15]은 좋은 죽음에 관한 인식에 중요한 통찰을 줍니다. '십자가에 달리신 예수, 십자가에 근거한 교회'를 기준으로 좋은 죽음에 대해 말해야 한다는 뜻입니다. 참고로, 십자가와 부활소망의 신앙을 강조하는 하우어워스의 요점은 그가 신학교 강의 시간마다 드렸던 기도들을 모아 출판한 기도문집에서도 확인할 수 있습니다.

> 아버지의 시간, 그 거룩한 은혜의 시간, 예수 그리스도의 부활을 통해 구속된 그 시간 안에서 저희로 하여금 기뻐하게 하고 안식하게 하소서. 그러면 죽을 때에도 편히 쉴 수 있겠습니다.[16]

---

15 Stanley Hauerwas, *Character and the Christian Life: A Study in Theology Ethics* (Noter Dame, IN: University of Notre Dame Press, 1985), 183.

16 이 기도문은 하우어워스의 것으로 소개된 부분을 인용했다. 김영봉 편, 『사귐의 기도를 위한 선집』, IVP, 2004, 608.

이것은 하우어워스의 관점이 '이론'이 아니라 '내러티브'에 속한다는 사실을 보여줍니다. 그것도 개인의 사사로운 내러티브로 삶과 죽음의 문제를 풀어낸 것이 아니라, 궁극적 내러티브로서의 예수 내러티브에 의거하고 있습니다. '아르스 모리엔디에 내러티브를 권하는' 가장 본질적인 이유가 무엇인지를 짐작하게 해줍니다. 그 핵심은 이것입니다. 삶과 죽음의 문제는 사변적인 이론의 문제를 넘어선다는 사실, 그리고 내러티브를 통해 더 깊은 의미를 얻는다는 사실에 주목해야 한다는 점입니다.

　　참고로, 하우어워스가 개인의 사적 내러티브를 넘어서 궁극적인 내러티브에 주목했다는 점에 유의해야겠습니다. 각자의 상대적인 내러티브에 의해 삶과 죽음을 말하는 것은 다양성을 확보할 수 있다는 점에서 의의가 있지만, 삶과 죽음의 본질에 대한 이해를 위해서는 궁극적인 내러티브에 주목할 필요가 있습니다. 하우어워스가 말하는 궁극적인 내러티브는 아르스 모리엔디의 기독교적 연원과 연관된 이야기, 즉 예수 내러티브입니다.

앞서 케이건의 경우에서처럼, 죽음은 모든 것의 끝으로 여겨지는 경향이 있습니다. 하지만 예수 내러티브는 죽음 이후의 희망과 삶의 변형 가능성을 이야기합니다. 부활 내러티브는 궁극적인 절망 속에서도 새로운 시작과 영원한 가치가 존재함을 시사합니다. 이는 임종을 앞둔 이들에게 막연한 두려움 대신 평안과 안식을 찾을 수 있도록 돕는 정서적·영적 토대를 제공할 수 있겠습니다. 또한, 남겨진 이들이 상실감 속에서도 삶의 의미를 재정립하고 나아갈 힘을 얻을 것으로 기대됩니다.

특별히, 그리스도인의 경우에는 삶과 죽음의 궁극적 내러티브라고 할 수 있는 예수 내러티브에 근거한 결정이기를 권합니다. 사전연명의료의향서 작성 자체로 완성되는 것이 아니라, 하우어워스의 경우처럼 부활소망의 예수 내러티브를 따라 연명의료에 대한 결정을 내리고 삶과 죽음에 관한 이야기를 풀어내는 것이 중요합니다. 아르스 모리엔디에 내러티브를 적용하려는 본질적인 이유가 여기에 있습니다.

예를 들어, 죽음준비교육에서 다루어지는 내용들은 일

정한 목차를 지니고 있으나,[17] 그리스도인에게는 그 흐름을 존중하면서도 예수 내러티브에 따른 '좋은 죽음'에 대한 인식을 확립할 필요가 있습니다. 어느 조사에 따르면, 좋은 죽음이란 "자다가 고통 없이 죽는 죽음이라는 응답이 35%에 달했고 노화에 의한 자연사, 준비하는 시간적 여유가 있는 죽음, 후회와 집착이 없는 죽음, 충실하게 살다 가는 죽음, 가족에게 짐이 되지 않는 죽음" 등의 순으로 나타났다고 합

---

[17] 참고로, 데켄(Alfons Deeken)이 제시한 죽음준비교육의 15대 목표는 다음과 같다. "① 죽음을 앞둔 환자와 따뜻한 마음으로 함께한다. ② 죽음을 앞둔 환자가 겪는 심리변화의 과정을 이해하고 실천한다. ③ 죽음을 좀 더 깊이 생각하게 하고 죽음에 대한 준비를 돕는다. ④ 상실로 인해 슬퍼하는 사람들이 치유되도록 돕는다. ⑤ 죽음에 대한 두려움을 극복하도록 돕는다. ⑥ 죽음을 금기시할 것이 아니라 자유롭게 이야기할 수 있게 한다. ⑦ 자살을 생각하는 사람을 도울 방법을 배우도록 한다. ⑧ 환자의 권리를 존중하면서 말기 환자에게 병명을 고지해준다. ⑨ 죽음에 관련된 윤리적 문제를 배우고 호스피스에서는 생명(삶)의 질을 높이는 데 힘쓰게 한다. ⑩ 법률과 관련된 장기이식 등 의학적 문제에 관심을 갖게 한다. ⑪ 장례의 역할에 대한 이해와 자신의 장례를 준비하도록 돕는다. ⑫ 생명의 가치를 일깨워주며 주어진 시간 동안 새로운 삶의 방향 정립을 돕는다. ⑬ 여생의 삶의 질을 높이는 것이 죽음의 질을 높이는 것임을 인식하도록 돕는다. ⑭ 죽음에 대한 인식을 바로세우고 죽음과 죽어가는 과정을 선택하도록 격려한다. ⑮ 죽음에 대한 종교적 관점을 소개하고 죽음 후에 대해서 생각할 수 있도록 돕는다."(신현정, "일본의 죽음준비교육에 관한 연구: 알폰스 데켄의 죽음준비교육을 중심으로", 「비교일문학」 55, 2022, 109-126에서 인용) 이 외에 김옥라 외, 『죽음준비교육 20강』, 서울: 샘솟는 기쁨, 2021에서도 죽음준비교육의 세부 주제들을 참고할 수 있다.

니다.[18]

물론, 응답자들 중에 기독교인이라고 말한 사람들의 의견을 구체적으로 적시하라고 한다면 결과는 달라질 수 있겠습니다. 또한 연구자가 굳이 종교논쟁에 휩쓸리지 않으려고 종교별 구분을 강조하지 않았을 수 있다는 추정도 가능하겠습니다. 그럼에도 좋은 죽음에 관한 설문에서 '예수 내러티브'에 대한 직접 혹은 간접 언급조차 없다는 사실은 자성해야 할 요소라고 하겠습니다.

이러한 뜻에서 루터가 보여준 방향성, 즉 공로주의를 극복한 복음적 아르스 모리엔디의 모색에 하우어워스의 내러티브 윤리를 응용할 필요와 이유는 충분하다고 하겠습니다. 그 핵심은 예수 내러티브에 근거한 부활소망의 아스르 모리엔디로 나아가야 한다는 데 있습니다. 그리스도인의 아르스 모리엔디는 죽음문학의 그것일 수 없습니다. 또한 웰다잉 법률에 의거하여 사전연명의료의향서를 작성하는 것 자체로 충족되는 것도 아닙니다. 만일, 사전연명의료의향서를 작성한다면, 그 바탕에 부활소망의 복음에서 비롯된 것

---

18 김명숙, "한국인의 죽음에 대한 인식과 태도에 관한 철학적 고찰", 「유학연구」 22, 2010, 73-108. 설문과 연구가 업데이트될 필요는 있지만, 철학적 성찰을 시도했다는 점에서 독창성을 지닌 것으로 보인다.

이어야 한다고 말할 수 있을 것 같습니다.

이것을 하우어워스의 맥락에서 응용해볼까요? 죽음에서의 그리스도인다움은 초대교회 역사에서 복음의 증인 됨을 위해 기꺼이 순교를 감내했던 신앙의 영웅들을 통해 확인할 수 있겠습니다. 극단적인 경우일까요? 박해의 시대였다는 점을 놓치지 말아야 합니다. 복음이 진리이고 그 안에 구원을 향한 참된 길이 있음을 증언하는 가장 강력한 행위이자 일종의 신실한 신앙의 정치행위라고 할 수 있습니다. 네로를 비롯한 박해자들이 기독교를 거짓 집단으로 내몰았을 때, 죽음을 통해 복음의 증인이 되고자 했던 순교자들을 기억하는 것은 무척이나 중요한 가치를 지니고 있습니다.

응용의 핵심은 이것입니다. 오늘의 맥락에서, 죽음에서 복음의 증인이 된다는 것은 의료 내러티브가 주도하는 시대에 임종을 통해 그가 일생 동안 믿고 살아온 예수 내러티브가 진리임을 보여주는 과정으로 이어져야 합니다. 죽음의 두려움을 넘어설 복음적 신앙고백을 통해 부활소망의 진리를 입증하는 순교적 자세가 필요하다는 뜻입니다. 예수 그리스도께서 십자가와 부활을 통해 열어놓으신 그 길을 이탈하지 않고 부활의 소망을 굳건하게 붙드는 그리스도인다움을 구현해야겠습니다.

아르스 모리엔디의 현대적 계승에서, '사전연명의료의 향서'를 작성하는 것도 중요한 사례에 속합니다. 죽음에 대한 자신의 의견을 결정하는 과정을 통해 아르스 모리엔디를 계승하는 것이라고 볼 수 있기 때문입니다. 연명의료를 중지하기로 결심하는 것 자체로 의의가 크다는 것은 분명합니다. 그것은 죽음에 관한 성찰에서 자기결정권의 존중이자 삶과 죽음에 관한 하나의 통찰을 반영한 것이라고 할 수 있습니다.

한 가지, 짚어야 할 것이 있습니다. 의향서를 작성하는 것은 그 자체로 의미가 있지만, 더 큰 배경에서 생각해야 합니다. 의향서 작성을 계기로 삼아 가족과의 대화로 이어져야 하고, 신앙적 성찰을 통한 것이어야 한다는 밀랜더(Gilbert Meilaender)의 제안은 매우 큰 의미가 있어 보입니다.[19] 자기결정권 문제를 넘어서 삶과 죽음에 관한 예수 내러티브를 배경으로 다루어야 한다는 뜻이지요. 앞에서 살펴

---

19   Gilbert Meilaender, "I want to burden my loved ones," Lutheran Church-Missouri Synod, 1999. www.lcms.org.(검색일: 2024.1.5)

본 것처럼, 하우어워스가 예수 내러티브를 근거로 삶과 죽음을 풀어내려 했던 것과도 그 뜻이 통합니다.

생각해보면, 사전연명의료의향서에 적극적인 관심을 가지는 것 자체로 의미 있는 일이지만, 그 배경과 근거가 삶과 죽음에 관한 바른 가치관으로서 부활소망 위에 세워질 수 있다면 의미가 더 커지고 소중해질 것 같습니다. 최근에 읽은 어느 기사에 따르면, 사전연명의료의향서를 작성은 했지만, 실제로는 취소하거나 가족들에 의해 반대에 부딪히는 경우들이 꽤 많다고 하더군요. 사전연명의료의향서의 작성에 본인의 의견이 중요하기는 하지만, 가족들과의 소통과 충분한 대화가 필요하다는 사실을 말해주는 것 같습니다. 여기에 한 가지 더하여, 삶과 죽음에 관한 이야기를 부활소망의 관점에서 가족들과 함께 나누고 깊은 대화를 통하여 그 지평을 넓혀가는 과정으로 나아갈 수 있으면 더 좋겠습니다. 밀랜더와 하우어워스를 소개하는 이유 중 하나가 되겠습니다.

06

잘 살기 위한,
아르스 비벤디

대학 시절, 짧게 합창단 활동을 했던 기억이 있습니다. 합창연습을 마칠 때마다 불렀던 곡이 생각납니다. 브람스 작곡의 라틴어 가사입니다. "Gaudiamus, Igitur uvenes dum sumus. Post iucundam iuventutem, post molestam senectutem, nos habebit humus." 대략 이렇게 옮길 수 있겠군요. "즐거워하자, 우리의 젊은 날을. 젊음의 기쁨이 지나가고, 노년의 괴로움의 지나가면 흙으로 돌아가게 되니까." 'igitur'는 영어 'therefore'에 해당하고 'dum'이 '~하는 동안'이라는 뜻이어서, 흙으로 돌아가기 전에 젊은 날을 기뻐하고 즐거워하자는 뜻이 담긴 문장입니다.

소크라테스의 이름으로 전해지는 명언 중에 "사는 것이 중요한 것이 아니다. 잘 사는 것이 중요하다"는 말이 있습니다. 잘 산다는 것에 대한 여러 해석 중에서, 아리스토텔레스는 '잘 행하는 것(eupraxia)'이 행복에 이르는 길이라고 읽어냈습니다. 헬레니즘 시대를 거쳐, 아우구스티누스도 '잘 사는 길'에 대해 말합니다. "잘 살기를 배워서 영원히 살기(semper vivere)에 이르러야 한다." 잘 사는 것은 잘 죽는 것과 떼어놓을 수 없는 주제인 듯싶군요. '잘' 살고 죽는 길에 대한 성찰에서 자기 자신의 이야기를 넘어 더 큰 이야기 혹은 궁극적인 내러티브와의 연결을 권하고 있기 때문입니다.

사실, 청춘이란 아르스 모리엔디보다 아르스 비벤디를 더 많이 생각해야 할 시기입니다. 혹은 아르스 모리엔디로 아르스 비벤디 읽기에 힘써야 할 때라고 하겠습니다. 비판의식이 강하고, 그래서 자칫하면 자신에 대한 성찰보다 남을 비난하고 정죄하며 심판하기 쉬운 시기입니다. 자신에 대한 성찰, 그리고 거기에서 오는 삶에 대한 감사와 용서에 대해서는 별로 관심을 기울이지 못할 우려가 크다고 하겠습니다.

이 문제에 대해, 긍정심리학(positive psychology)의 창시자로 알려진 마틴 셀리그만(Martin Seligman)의 조언을 귀담아들을 필요가 있어 보입니다. 그는 지금까지의 심리학 연구가 정신질환이나 문제행동을 치료하는 데 초점을 맞춰왔지만, 개선 혹은 향상보다는 문제점만 더 많이 들춰내고 그 분야에 집중하면서 정작 행복과 긍정에 대해서는 성찰하지 않는 경향을 보이고 있었다는 사실에 착안했습니다. 행복하고 의미 있는 삶을 살아가기 위한 조건과 방법에 관심을 두기 시작한 이유입니다.

셀리그만의 긍정심리학은 인간의 강점과 긍정적인 감

정, 그리고 의미 있는 삶을 중심으로 개인의 행복과 삶의 질을 향상시키는 것을 목표로 합니다. 어떻게 하면 더 잘 살 수 있을지를 탐구하겠다는 취지인 것 같습니다. 그는 행복을 구성하는 요소들을 'PERMA'로 설명합니다. 긍정 정서(Positive emotion), 몰입(Engagement), 관계(Relationships), 의미(Meaning), 성취(Accomplishment)의 다섯 가지를 통해 행복에 이를 수 있다고 말합니다.

이러한 전제에서, 셀리그만이 소개하는 강점 혹은 덕목 중 용서(forgiveness)와 감사(ratitude)에 대해 생각해보면 도움이 될 것 같습니다. 용서는 자신에게 상처를 준 사람이나 상황에 대해 분노와 원망을 내려놓는 과정을 뜻합니다. 용서가 감정적인 해방을 가능하게 하며, 심리적 안정과 대인관계의 회복, 나아가 개인의 내적 성장을 이끄는 중요한 요소라는 주장입니다. 용서를 통해 과거의 상처에 묶이지 않고 현재와 미래로 나아갈 힘을 얻자는 취지인 것 같습니다.

또한 감사는 자신이 받은 도움이나 기회에 대해 고마움을 느끼고 표현하는 태도를 말합니다. 셀리그만에 따르면, 감사는 긍정적인 감정을 증진시키고, 스트레스를 줄이며, 삶의 만족도를 높이는 데 기여한다고 합니다. 감사편지 쓰기나 감사일기 작성 같은 활동이 우울감을 낮추고 행복감을 높이는 데 효과적이라는 연구 결과를 발표하기도 했지요. 더욱 의미 있고 만족스러운 삶을 살 수 있도록 돕는 심리학적 접근이라고 할 수 있겠습니다.

셀리그만의 긍정심리학을 용서와 감사로 단순화하여 말하기는 어렵겠지만, 중요한 의의를 지닌 것만큼은 분명해 보입니다. 그가 말하는 긍정심리학에는 "행복과 웰빙은 누구나 과학적으로 계발할 수 있으며, 자신의 강점과 미덕을 발견하고 이것을 삶에 적극적으로 활용함으로써 '번영(Flourish)의 삶을 살 수 있다"는 이야기가 담겨 있는 것 같습니다.[1] 삶의 긍정적 인식과 향상을 위한 조언이라고 하겠습니다.

이것은 현대철학자들이 아리스토텔레스의 '행복(eudimonia)' 개념을 인간의 잠재력이 활짝 꽃핀 상태로서의 '번영(human flourishing)'이라고 해석하기 시작하는 경향과도 만날 수 있을 만한 부분이 아닐까 싶군요. 물론, 여기서 말하는 번영은 기독교의 어긋난 관점으로서의 번영신학의 그것과 다르다는 점도 기억해주시기 바랍니다. 응용하자면, 메멘토

---

1   다음 책을 참고하기 바란다. Martin E. P. Seligman, *Authentic Happiness*, 김인자·우문식 역, 『마틴 셀리그만의 긍정심리학』(서울: 물푸레, 2014)

모리에서 출발하여 삶을 더욱 긍정적으로 살도록 이끌어주는 또 하나의 '내러티브'가 아닐까 싶기도 합니다.

물론, 긍정심리학 관점에서는 자신들의 학문적 가치와 성과를 축소하는 것이라고 반론할 수 있겠습니다. 하지만 그런 의도는 전혀 없습니다. 오히려 긍정심리학의 문제의식과 성과들을 존중하면서 그 안에 담긴 내러티브를 적극적으로 읽어내고 싶은 마음이라고 하는 것이 맞겠습니다. 특히, 청춘의 시기를 용서와 감사의 관점에서 풀어가는 것 자체로 중요한 의의를 지니고 있다고 생각되기 때문입니다.

좀 더 구체적으로 말하면, 아르스 모리엔디에 대한 관심을 확장하여 아르스 비벤디를 향해 나아가는 지혜가 필요합니다. 메멘토 모리의 인식을 통해 더욱 의미 있고 빛나는 청춘이 되게 해야 한다는 뜻입니다. 긍정심리학은 이러한 이야기를 풀어내는 데 중요한 참고사항이라고 생각됩니다. 어떻게 살 것인가의 문제에서 긍정심리학을 응용하면 더 좋은 답을 얻을 수 있으리라고 기대합니다.

―――――

긍정심리학에서 말하는 용서와 감사의 이야기는 아르

스 모리엔디의 기독교적 재해석에서도 중요합니다. 이것을 풀어내기 위해 하우어워스를 다시 한번 소환하고자 합니다. 하우어워스의 내러티브 윤리에서 응용하여 읽어낼 또 하나의 통찰은 삶에서의 그리스도인다움에 관해서입니다. 특별히, 용서의 문제를 진지하게 기독교윤리의 주제로 다루고 있다는 사실에 주목할 필요가 있습니다. 아마도 대부분 기독교윤리학자들은 용서를 굳이 윤리학의 주제로 말할 필요가 있을지 의구심을 제기할 것 같습니다. 용서는 덕 윤리가 말하는 중심적인 덕목도 아니고, 더구나 굳이 풀어서 말해야 할 주제가 아닌 신앙 용어라고 생각할 수 있기 때문입니다.

하우어워스는 용서의 윤리를 심층적으로 다룹니다. 하우어워스에 따르면, 그리스도인 됨의 근간에 용서의 문제가 있습니다. 교회는 용서를 받은 자들의 공동체로서, 기꺼이 용서하는 윤리를 통해 평화의 실현을 기대할 수 있다는 생각입니다. 하우어워스에게서 평화의 문제는 무척이나 중요한 윤리학적 성찰의 주제이지만, 그 바탕에는 평화주의가 아닌 예수께서 걸어가신 길이 평화이기 때문이라는 분명한 관점이 깔려있습니다.

그리스도인은 폭력과 강제가 난무하는 세상에서 진정

한 평화를 만드는 자가 되어야 하며, 그렇게 하기 위해서는 하나님의 끊임없는 용서를 배워야 한다고 하우어워스는 강조합니다. 그리고 교회가 세상에 대해 대안의 공동체가 된다는 것은 원수까지도 용서하는 것이 하나님 나라의 방식임을 인식하고 실천한다는 것을 뜻합니다.[2] "세상에 절실한 평화는 다른 사람들을 용서한 것의 열매"라고 말하는 부분은 용서가 평화의 근간임을 확인해줍니다.[3]

평화의 문제에서만이 아니라, 교회를 진리의 공동체이자 신실함의 공동체라고 말하는 부분에서도 다르지 않습니다. 하우어워스에 따르면, 용서는 그리스도인의 신실함을 보여줄 근간입니다. 신실함을 말하기 위해서는 용서받음의 중요성을 빼놓을 수 없다는 뜻입니다.[4] 이렇게 용서의 중요성을 신학적으로 말하는 것은 신학자에게 나름의 용기가 필요한 부분입니다. 신앙의 용어를 신학으로 풀어내는 것 자체에 대한 선입견, 즉 너무 손쉬운 방식은 아닐지에 대한 의

---

[2] 김현수, "스탠리 하우어워스의 교회 윤리 비판적 읽기", 「기독교사회윤리」 21, 2011, 31-70.

[3] Stanley Hauerwas, 『평화의 나라』, 11.

[4] Stanley Hauerwas, "Why Truthfulness Requires Forgiveness," in Stanley Hauerwas, John Berkman, Michael G. Cartwright, eds., *The Hauerwas Reader* (Durham, NC: Duke University Press, 2001), 307-319.

구심을 극복해야 하기 때문이지요.

하우어워스는 이러한 편견 어린 의구심을 넘어서, 용서의 신학을 심층적으로 풀어냅니다. 하우어워스는 이렇게 질문합니다. '용서는 정말 어처구니없는 행동이 아닐까?' 얼핏 보기에, 용서는 얼빠진 것처럼 보입니다. 게다가 그리스도인이 말하는 용서의 의미에 대해 많이 오해하고 있다는 것이 하우어워스의 문제의식입니다.[5] 그가 주기도문(The Lord's Prayer)을 심층적으로 묵상하고 신학적 의의를 말한 것도 이러한 이유에서입니다.

주기도문에 대한 하우어워스의 성찰에서 각별히 주목할 것은 용서에 대한 그의 신앙과 신학적 인간학입니다. 그리스도인은 용서를 받은 자로서의 정체성을 지닌 존재라는 사실이 가장 중요해 보입니다. 제 나름으로 읽기에, 인간은 하나님의 용서를 통해 본래적 인간으로 회복되고 구원받을 수 있으며, 용서를 받은 죄인으로서의 인간에 대한 자기인식이 삶의 근간이라는 뜻이 아닐까 생각해봅니다. 그래서, 하우어워스는 주기도문이 우리에게 요청하는 것 중의 하나

---

5   Stanley Hauerwas and William Willimon, *Lord, Teach Us*, 이종태 역, 『주여 기도를 가르쳐 주소서』(서울: 복있는 사람, 2008), 129.

가 용서받기를 간청하라는 메시지라고 말합니다.[6] 그리고 용서의 본질에 대해 이야기합니다.

> 기독교의 용서는 결코 값싼 용서가 아니다. 우리의 죄는 중대한 결과를 낳는다. 하나님의 용서는, 우리의 죄가 우리를 결정하도록 놔두기를 거부하시는 것이다. 우리의 죄가 세상을 돌아가는 방식을 결정하도록 놔두시기를 거부하시는 것이다.[7]

이것은 기독교의 용서가 자연인의 그것과 같지 않다는 뜻을 담고 있습니다. 하우어워스에 따르면, 용서는 자연적인 것이 아닙니다. 그리고 이것이 바로 "우리가 우리에게 죄 지은 자를 사하여 준 것 같이 우리 죄를 사하여 주옵시고"라고 날마다 기도해야 하는 이유라고 말합니다.[8] 공급을 받아야 할 선물이라는 뜻일 것 같습니다. 내가 베푸는 호의가 아니라는 뜻이지요. 하나님께서 주시는 은혜라는 뜻입니다.

그래서 하우어워스는 이렇게 말합니다. "용서는 선물

---

6   같은 책, 132.
7   같은 책, 139.
8   같은 책, 142.

이다. 우리가 다른 이들에게 줄 수 있는 선물이기 이전에 먼저 우리가 받는 선물이다."[9] 하나님의 용서로부터 시작하여 용서의 실천을 말하는 관점이지요. 이것은 앞서 살펴본 긍정심리학의 그것과 유사하면서도 본질과 근거에 있어서 결정적 차별성을 보여줍니다. 내가 하는 용서가 아니라, 용서를 받은 자로서 감사의 실천으로 용서하기를 말하는 것이니까요.

하나님의 용서는 하나님의 본성에 관해 말해주는 이야기이기도 합니다. 하우어워스에 따르면, 용서하시는 것은 하나님의 본성입니다. 하지만 그것은 우리 하나님이 죄에 대해 관대하기 때문이 아닙니다. 오히려, 하나님이 우리를 가족 삼기로 작정하셨기 때문입니다.[10] 하우어워스가 하나님께 용서를 받은 자가 이웃을 용서하는 자로 나아가야 한다고 말하는 이유이기도 합니다. 우리의 용서는 우리가 용서받은 것에 대한 응답으로 시작합니다. 우리의 용서는 우리에게 해를 가한 사람을 향한 관대함의 행위이기보다 용서하시는 하나님을 향한 감사의 행위이기 때문이지요.[11]

---

9 같은 책, 140.
10 같은 책, 134.
11 같은 책, 139.

짚어둘 것이 있습니다. 용서에 대한 자연인의 생각과 기독교의 관점 사이의 차이에 관해서입니다. 하우어워스는 '통제권' 혹은 '통제력'이라는 표현을 사용하여 이 문제를 풀어냅니다. 자연인의 용서는 일종의 통제적 기제가 작동한 것이요, 기독교의 용서는 선물로 받은 은혜라는 사실을 구분하기 위해서입니다. 하우어워스는 이렇게 말합니다.

> 우리는 통제권을 쥐고 싶어 한다. 우리가 잔뜩 쌓아놓은 의에서 출발해서, 우리에게 해코지하고 잘못한 이들에게 사랑으로 다가갈 수 있을 것이라고 생각한다. 그러나 주기도문은 먼저 우리에게 용서받기를 간청하라고 한다. 이것은 우리의 통제권을 넘어서는 일이다.[12]

이것을 좀 더 풀어볼까요? 하우어워스에 따르면, 우리의 1차적 과제는 용서하는 것이 아니라 용서받는 법을 배우는 것임을 기억해야 합니다. 기꺼이 용서하겠다는 태도가 다른 사람에 대한 통제력을 행사하는 방식이 되는 경우가 너무 많기 때문이지요. 사실, 우리는 다른 사람의 용서를 받

---

12 같은 책, 132.

아들이기 두려워합니다. 심지어, 우리 자신은 용서받았음에도 남을 용서하려 하지 않는 사람들입니다. 십자가에서 그리스도로부터 놀라운 용서와 사랑을 받았음에도 다른 이들로부터 당한 부당한 일에 대해서는 한사코 용서와 사랑을 베풀기를 거절하는 모습을 보면 알 수 있습니다. 여기에 하우어워스의 신학적 인간학이 담겨 있는 것 같습니다.

하우어워스의 분석에 따르면, 인간이 이렇게까지 되는 이유는 그 선물이 우리를 무력하게 만들기 때문입니다. 좀 더 정확하게 말하자면, 우리는 그에 따르는 통제력 상실을 두려워합니다. 그러면서도 "우리 죄를 사하여 주옵소서"라고 계속 기도하는 것은 왜일까요? 용서받기보다 용서하는 자로 군림하고 싶어 하는 심보가 작동한 것은 아닐까요? 여기에서, 하우어워스는 직관적으로 말합니다. "예수 그리스도의 삶과 죽음에서 발견하는 하나님의 용서를 받아들이는 법을 배움으로써만 우리는 통제력을 포기할 수 있고 거기서 나오는 능력을 습득할 수 있다"고 말입니다.[13]

하우어워스의 성찰에는 중요한 의미가 숨겨져 있습니다. 용서를 받아들인다는 것은 내가 내 인생의 유일한 저자

---

13 Stanley Hauerwas, 『평화의 나라』, 197.

가 아니라는 사실을 받아들이는 것이라고 할 수 있습니다.[14] 그에 따르면, 우리는 우리 삶의 창조자가 아닙니다. 우리가 우리 삶의 이야기를 엮어가는 유일한 저자가 아닙니다. 통제권을 넘긴다는 것은 우리가 하나님께서 쓰시는 이야기의 등장인물임을 인정한다는 뜻입니다.[15] 정말 중요한 통찰인 것 같습니다.

주기도문에서만 용서를 말하는 것은 아닙니다. 십자가 상의 일곱 마디 말씀을 묵상한 책에서 하우어워스는 첫째 말씀, 즉 "아버지 저들을 사하여 주옵소서. 자기들이 하는 것을 알지 못함이니이다"에서 용서의 신학을 찾아냅니다. 그는 예수 그리스도의 십자가에 달리심을 우리 입장에서 해석하는 것을 경계하면서, 하나님의 아들이신 예수께서 하나님에게 남아 있는 사람들의 용서를 구하며 하나님과 하나가 되는 모습에 주목할 것을 권합니다. 용서의 의의를 보여주는 또 다른 부분일 듯싶네요.

나아가, 일곱 번만이 아니라 일흔 번씩 일곱 번까지도 용서하라(마 18:22)고 하신 것을 기억할 필요가 있습니다. 그

---

[14] Stanley Hauerwas and William Willimon, 『주여 기도를 가르쳐 주소서』, 135.
[15] 같은 책, 133.

리스도인은 하나님의 용서를 받은 자들이기에 용서와 그로 인한 우정을 누릴 수 있는 존재들이기 때문이지요.[16] 덧붙여서, 우리가 원수를 용서하는 일이 하나님의 나라가 성취되는 방식이라는 사실도 중요합니다. 심지어, 그 원수가 우리 자신일 때도 그렇다고 하우어워스는 강조합니다.[17]

무엇보다 복음서는 하나님의 용서의 선물이신 예수 그리스도에 대한 이야기라는 사실에 주목해야 합니다.[18] 하우어워스에게 용서는 복음의 핵심에 속하며, 그리스도인 됨의 근간이자 복음의 증인으로서 수행해야 할 책무에 속합니다. 이렇게 보면, 하우어워스가 생각하는 기독교윤리 개념은 칸트를 중심으로 하는 의무론 같은 근대윤리학의 그것을 넘어섭니다. 용서를 포함하는 복음의 증인 되는 것이야말로 기독교윤리의 핵심이라고 보는 것입니다. 예수 내러티브의 윤리를 말하는 본질적인 이유가 여기에 있습니다. 다음 문장은 예수 내러티브 윤리의 또 다른 핵심으로서 용서의 중요

---

16 Stanley Hauerwas and Charles R. Pinches, *Christians among Virtues: Theological Conversations with Ancient and Modern Ethics* (Notre Dame, IN: University of Notre Dame Press, 1999), 108.

17 Stanley Hauerwas, 『평화의 나라』, 233.

18 Stanley Hauerwas and William Willimon, 『주여 기도를 가르쳐 주소서』, 134.

성을 함축하고 있습니다.

> 우리는 하나님을 닮도록, 그분이 온전하신 것처럼 온전하도록 부름을 받았다. 그 온전함은 하나님이 그분의 나라의 선구자로 보내신 분, 예수 그리스도를 따르고 그를 닮는 법을 배움으로써 이루어진다. 그래서 기독교윤리학은 원리, 법, 가치의 윤리학이 아니라 무엇보다 나사렛 예수라는 특정한 개인의 삶에 주목하기를 요구하는 윤리학이다. 우리는 이 일을 통해서만 온전함을 배울 수 있다. 그리고 여기에서의 온전함은 다름 아닌 원수를 용서하는 것을 의미한다.[19]

이처럼, 하우어워스에게 용서는 개인 간의 관대함이나 도덕적 행위 그 이상입니다. 용서는 우리를 용서하시는 하나님을 향한 감사의 행위이며, 본질적으로는 하나님의 용서에 근거합니다. 용서를 인간 중심에서 하나님 중심으로 전환시켜 설명하는 셈입니다. 바꾸어 말하면, 용서를 예수 내러티브에 속하는 것으로 설명하면서 용서가 기독교 공동체

---

[19] Stanley Hauerwas, 『평화의 나라』, 174.

의 핵심적 덕목임을 강조합니다.

그리고 하우어워스에게서 용서는 감사의 덕으로 연결됩니다. 타인을 용서할 수 있는 근본적 이유가 하나님께서 용서하셨기 때문이라는 사실, 그것으로부터 용서에 대한 감사로 나아갑니다. 말하자면, 용서는 감사의 표현이자 하나님과의 관계 회복에 대한 응답입니다. 그것은 단순한 도덕적 선택이 아니라, 용서받은 자들의 공동체 안에서 반복적으로 훈련되고 성숙되어야 할 덕목이라고 할 수 있겠습니다.

여기에서 오해하면 안 될 것이 있습니다. '값싼 용서'를 말하는 것이 아니라는 사실입니다. 평화의 실천에 관심을 두는 하우어워스는 폭력과 불의가 만연한 세상에서 그리스도인이 너무 쉽게, 그리고 너무 값싸게 은혜와 용서를 이야기하는 것은 악을 가볍게 여기는 오류를 낳을 수 있다고 경계합니다. 용서는 악의 심각성을 인식하고, 이웃을 죄와 불의에 방치하지 않는 책임적인 삶으로 이어져야 한다는 뜻입니다. 그것이 평화로 나아가는 지름길이자 핵심이라고 할 수 있기 때문입니다.

하우어워스는 예수 그리스도께서 시작하신 평화의 나라가 그리스도인의 환대 의무로 구체화되는 사랑의 나라라고 봅니다. 이 평화의 나라는 보편적인 인간 도덕성에 기반한 것이 아니라, 차이를 두려워하지 않는 평화로운 공동체로서 신실하게 살아감으로써 이루어집니다. 이러한 맥락에서 용서는 교회 공동체가 세상에 보여줄 수 있는 가장 강력한 평화의 증거가 됩니다. 교회는 자신과 공동체 안에서, 그리고 이방인과 더불어 평화롭게 살아가는 법을 배운 사람들의 명확한 증거가 되어야 합니다. 궁극적으로는 세상에 하나님의 평화로운 대안 공동체를 증언하는 삶의 방식입니다.

하우어워스에게 용서와 감사는 단순한 개인적 감정이나 도덕적 선택이 아니라, 예수의 이야기를 따르는 공동체의 삶에서 필수적인 윤리적 행위입니다. 용서는 실패 속에서 삶을 배우는 아르스 비벤디로 연결될 수 있습니다. 용서는 과거의 잘못을 잊는 것이 아니라 진실을 말하고, 고통을 공유하고, 미래를 다시 가능하게 하는 행위여야 하기 때문이지요. 예수 그리스도의 용서하심을 본받아서 말입니다.

그리고 감사는 의존성과 선물 됨을 인정하는 아르스 비벤디로 연결될 수 있겠습니다. 하우어워스는 근대 계몽주의 윤리가 말하는 자율성을 좋아하지 않습니다. 오히려 모든 것이 하나님의 은혜와 타자의 선물로 주어진 것임을 인정하면서 감사하는 삶을 살아야 한다고 조언합니다. 감사는 단순한 감정이나 일회성 감정이 아닙니다. 선물 됨(giftedness)

으로서의 삶에 대한 인식입니다. 바꾸어 말하면, 교만과 자기 중심성을 무너뜨리는 삶의 전환을 뜻합니다.

———

삶의 문제에 적용된 예수 내러티브는 아르스 비벤디 영역으로 이어집니다. 중세의 아르스 모리엔디가 '임종 순간'에 관한 이야기에서 '살아가는 모든 날'의 이야기로 확장되어 삶의 기예, 즉 아르스 비벤디가 되는 것과 같은 이치입니다. 사실, 아르스 비벤디는 별도의 것이라기보다 아르스 모리엔디에서 파생된 것이며, 적극적으로는 아르스 모리엔디의 지평 확장이라고 할 수 있습니다. 특히, 예수 내러티브 윤리와의 만남을 통해 그리스도인다운 삶의 이야기로 확장되어야 합니다.

무엇보다 용서 없이 살아온 경우들 내지는 용서에 인색한 경우들에 대해 성찰이 필요해 보입니다. 죽는 순간까지도 "절대로 용서할 수 없다"고 소리치며 임종하는 경우도 있으니까요. 용서를 구하는 것의 어려움과 용서를 배우는 것의 소중함에 대해 생각해볼 필요가 있어 보입니다.

그리스도인의 경우라고 한다면, 더욱 중요한 부분일 것

같습니다. 하나님의 용서를 받은 자로서, 그리스도인은 삶의 과정들 속에서 용서를 구하고 용서하며 살아가는 모습을 구현해야 마땅하기 때문입니다. 그리스도인으로서 구술자서전을 쓴다면, 이 부분에 각별히 주목하면서 그리스도인다움을 보여주어야 할 것 같습니다. 용서를 실천하는 삶으로서의 아르스 비벤디로 나아가야겠습니다.

이것은 루터가 『죽음준비 설교』에서 용서와 화해를 권하고 유산 처분을 포함한 삶의 마무리를 권했던 것과 일맥상통합니다. 하우어워스의 표현으로 하자면, 예수 내러티브의 사람이 되어 복음의 증인이 되는 삶을 살아내야 한다는 이야기로 바꿀 수 있겠습니다. 무엇보다 용서받은 자로서 용서하는 자로 살아가는 것이 복음적 아르스 비벤디의 핵심이라고 하겠습니다.

아르스 모리엔디를 아르스 비벤디로 이어가야 한다면, 내러티브가 반드시 필요합니다. 특히, 개인의 사사로운 내러티브를 넘어서 궁극적 내러티브를 따라 삶을 회고하고 남은 삶을 펼쳐나갈 길을 찾는 것이 중요하겠지요. 루터가 죽음준비 설교에서 말한 것도 기억할 필요가 있습니다. "세상일을 정리하고, 용서하라"는 문구는 가장 강력한 교훈일 것 같습니다. 아르스 비벤디를 펼쳐내기 위해 꼭 필요한 교훈이기 때문입니다.

───────

셸리 케이건의 '죽음'이라는 강좌에 대해 소개해드렸던 것, 기억하시지요? 제가 보기에 그의 강좌가 그토록 주목받게 된 이유 혹은 '흥행요인'은 죽음의 문제에 대한 진정성에 설득력을 더한 것일 듯싶군요. 꿈은 이루기 쉽지 않고 고민이 많아지는 청춘들에게 오늘을 의미 있게 살아야 한다는 사실을 진정성과 설득력으로 다가선 것이 중요해 보입니다. 케이건의 물리주의에 동의할 수는 없지만, '메멘토 모리'를 청춘에게 다가설 수 있도록 말했다는 사실은 중요해 보입니다.

우리의 이야기에 대입해보면, 청춘에게도 아르스 모리엔디에 대한 관심이 필요하다는 뜻을 전해주는 것 같습니다. 다만, 청춘에게서 아르스 모리엔디는 중세 기독교의 임종 지침서 내지는 오늘날 여기저기 다양하게 전개되고 있는 웰다잉 활동에 관한 것으로 한정해서는 안 됩니다. 자칫하면, 노년의 주제라고 오해하게 할 수 있기 때문입니다. 그래서 청춘과는 거리가 멀다고 생각하고 만다면, 아르스 모리엔디의 뜻을 제대로 파악하지 못한 것과 다르지 않습니다.

아르스 모리엔디는 청춘에게 절실한 성찰 과제입니다. 그 안에 청춘을 살아갈 지혜와 삶에 대한 성찰이 담겨있다는 사실에 주목해야 합니다. 무엇보다 '아르스 모리엔디'로 '아르스 비벤디'를 읽어낼 수 있어야겠습니다. 아르스 비벤디를 추구하는 청춘이 되어야 한다는 뜻입니다. 예를 들어, 기독교가 말하는 용서의 내러티브와 만나면, 우리의 삶이 용서와 감사의 날들로 채워져야 한다는 중요한 교훈을 얻을 수 있을 것 같습니다. 아르스 모리엔디에서 아르스 비벤디로 나아가는 길에 용서에 대해, 그리고 감사에 대해 더 깊은 생각을 가질 수 있으면 좋겠습니다.

사실, 용서와 감사는 말처럼 간단하지도 않고 쉽지도 않습니다. 용서할 수 없거나 감사하기 어려운 경우들이 더 많을 수 있습니다. 용서와 감사가 필요하다는 것을 알면서도, 그리고 나 자신이 그렇게 멋진 자세로 삶과 죽음을 마주하고 싶은 마음도 크지만, 그것을 실천하기란 결코 쉽지 않습니다. 그래서, 필요한 것이 용서를 받은 자로서 감사하는 삶에 대한 성찰입니다. 더구나, 용서와 감사는 훈련이 필요하고 성품이 변화되어야 진정성을 가질 수 있다는 사실도 중요합니다. 이러한 뜻에서, 아르스 모리엔디를 통하여 아르스 비벤디를 읽어낸다는 것은 간단한 일이 아닙니다. 관점과 인식의 변화, 그리고 성품의 함양까지 나아가야 하는 과정이라고 할 수 있겠습니다. 가능하면, 청춘의 날에 관심하고 성품화하면 더욱 의미가 있을 것으로 기대됩니다.

부록: 에덴낙원 이야기

아르스 모리엔디에서 아르스 비벤디로, 그리고 예수 내러티브 윤리와의 만남을 현실적으로 가장 잘 구현한 사례가 있어서 소개합니다. 경기도 이천에 위치한 '에덴낙원'입니다. 이 책에서 다룬 내용들을 구체적으로 확인할 기회인 것 같습니다. 일종의 '사례연구(case study)'라고 할 수 있겠습니다. 크게 두 부분으로 나누어 소개하고자 합니다. 죽음의 문제와 관련하여 아르스 모리엔디를, 그리고 삶의 문제와 관련하여 아르스 비벤디를 각각 확인할 수 있겠습니다.

1. 아르스 모리엔디와 관련하여

1) 죽음준비교육: 'E-Life 아카데미'

아르스 모리엔디에서 빼놓을 수 없는 죽음준비교육의 중요성은 에덴낙원의 본질적인 운영 영역에 반영되어 있습니다. 에덴낙원이 운영하는 'E-Life 아카데미'는 죽음준비교육에서 중요한 의의를 지닙니다. 여기에서 영문 'E'는 'Eden'의 철자에서, 그리고 기독교의 영생에 대한 소망을 담은 'Eternity'의 뜻을 담고 있는 상징어라고 하겠습니다. 아르스 모리엔디의 구현을 위해 적절한 선택인 것 같습니다.

에덴낙원의 'E-Life 아카데미'는 본질적으로 내러티브를 지닌 아르스 모리엔디입니다. 특히 예수 내러티브에 근거하여 삶과 죽음에 관한 다양한 콘텐츠를 개발하여 제공하고 있습니다. 온-오프라인 강좌들을 통해 차별성 있는 고품격 죽음준비교육을 시행하고 있기 때문이지요. 특히, 내러티브를 지닌 아르스 모리엔디 구현을 위해 예수 내러티브로서의 복음에 근거한 죽음준비교육을 추구하고 있다는 점은 더욱 중요해 보입니다.

그뿐만 아니라, 에덴낙원이 운영하는 죽음준비교육은 아르스 모리엔디의 현대적 구현은 물론이고 복음적 아르스 모리엔디의 방향성을 제시하고 있다는 점에서 주목해야 할 요소입니다. 형식 혹은 운영 면에서는 상당한 수준의 균형 잡힌 설문조사, 죽음준비교육에 관련된 번역서를 포함한 도서 발간, 그리고 E-클래스 온라인 강좌 등이 체계를 갖추어 종합적으로 운영되고 있습니다.[1] 무엇보다 예수 내러티브에

---

1 'E-Life 아카데미'의 죽음준비교육은 김형석 박사의 현장 특강을 영상으로 제작하여 온라인 강좌에 업로드한 것을 비롯하여 다양한 세미나와 교

근거하여 좋은 죽음의 이해를 추구하고 죽음준비교육을 시행하고 있다는 점에 의의가 있습니다.

2) 장묘시설(납골 및 유수식 자연장)

에덴낙원은 죽음을 통해 복음의 증인이 되기 위한 아르스 모리엔디의 구현으로 기독교 장례시설을 구비했습니다. 일반적인 장묘시설에서 볼 수 있듯이 다양한 종교들이 각각의 전용관을 가지는 형태가 아닙니다. 에덴낙원 전체가 기독교 장례시설입니다. 사실, 웰다잉 시대를 맞이하여 '임종문화' 내지는 '장례문화'에 대한 관심과 '장묘' 문제는 가볍지 않은 주제입니다. 하지만 '장묘' 문제에 대해서는 관심이 깊지 않은 것 같습니다.

육프로그램을 진행하고 있으며, 코로나19를 계기로 온라인 강좌를 대폭 강화하여 E클래스 형식의 강좌들을 활발하게 운영하고 있다. 다양한 내용이 꾸준히 업데이트되고 확장되고 있다. 그리고 앞으로 '사전의료의향서실천모임(사실모)'과 MOU를 맺고 죽음준비교육 전문성을 심화시킬 예정이다. 구체적인 강좌의 구성과 운영에 대해서는 웹사이트를 참고하기 바란다. https://elifeacademy.org(검색일: 2023.6.28)

흙으로 돌아가기 위한 최선의 선택,
프리미엄 자연장

이 부분에서 '에덴낙원(Eden Paradise Memorial Resort)'은 중요한 사례입니다.[2] 시설을 소개하는 웹사이트에 따르면, 에덴낙원은 부활하신 그리스도를 믿을 뿐만 아니라 몸이 다시 살고 영원히 사는 것을 믿는 성도들의 신앙고백 위에 세워졌습니다. 특히, 무분별한 장묘문화에 굴복한 채 사망에 종노릇 하는 묘지를 부활소망의 현장으로 회복하려는 노력을 보여줍니다. 그리고 '죽는 순간에도 복음의 증인이 되고자 하는 관심'의 표현이라고 하겠습니다. 적극적으로 해석

---

2   부활소망의 신앙에 따라 그리스도인을 위한 장묘시설로 운영되고 있다는 점에서, 예수 내러티브가 구현되고 있는 것으로 평가할 수 있다. '에덴낙원 메모리얼 리조트'에 관해서는 웹사이트를 통해 세부사항들을 참고하기 바란다. http://www.edenparadise.co.kr (검색일: 2023.6.28)

하면, '예수 믿고 죽어서 천당 간다는 확신'을 보여줌으로써 예수 내러티브의 증인 됨을 추구한다는 뜻입니다.

눈에 띄는 표현은 성도들의 안식처로서 '구별됨'을 추구한다는 점이지요. 관점에 따라서는 '죽어서까지 끼리끼리'를 추구하는 것이냐고 비아냥거림을 당할 소지가 있지만, 오히려 유의하여 읽어야 할 부분일 듯싶네요. 예수 내러티브에 충실한 죽음준비교육 및 죽음문화의 변혁을 추구하는 것이라는 뜻을 담고 있기 때문입니다. 에덴낙원에는 유수식 자연장과 납골이라는 두 가지 방식을 적용한 장묘시설을 갖추고 있으며, 부활의 소망을 위한 기념교회가 그 중심에 자리하고 있습니다. 인상적인 것은 성도의 죽음이 구별되어야 한다는 점을 강조하는 부분입니다.

성도의 죽음이 '구별'되듯 성도의 묘지 역시 '구별'되어야 한다는 뜻에서, '에덴낙원'은 부활하신 그리스도를 믿을 뿐만 아니라 몸이 다시 살고 영원히 사는 것을 믿는 성도들의 신앙고백 위에 세워졌으며, 이러한 성도의 실제화된 곳으로서 무분별한 장묘문화에 굴복한 채 사망에 종노릇 하는 묘지를 부활소망의 현장으로 회복하려는 노력이다.[3]

이러한 뜻에서, 에덴낙원은 기독교 장묘의 문화변혁을 시도한 사례라 할 수 있겠습니다. 특히, '부활교회'에 주목해야 할 것 같습니다. 부활교회에는 산골을 위한 '부활소망가든'과 납골시설인 '부활소망안식처'가 준비되어 있습니다. 특별히, 이것은 부활의 신앙을 구체화한 것이라는 점에서 의의가 크다고 하겠습니다. 장묘 문제에 관하여 한국의 교회들이 해법을 찾지 못하여 머뭇거리는 현실에서 창의적이고 복음적인 대안을 제시했다는 점에서 그 의의를 평가해야 할 것 같습니다.

---

3 '에덴낙원 메모리얼 리조트'에 관해서는 http://www.edenparadise.co.kr 을 참고하기 바란다.

짚어둘 것이 있습니다. 에덴낙원을 또 하나의 새로운 형태의 장묘시설로 볼 것이 아니라, 교회적 구별의 상징으로 이해해야 할 것 같습니다. 특히, '죽은 순간에서도 복음의 증인'이 되어 '예수 믿고 죽어서 천당 간다는 확신'을 보여줌으로써 복음의 증인 되는 길을 보여줍니다. 오늘의 웰다잉을 위한 기독교적 장묘시설의 대안을 보여주었다는 점에서, 아르스 모리엔디의 중요한 요소를 확립한 것이기 때문입니다.

2. 아르스 비벤디와 관련하여

1) 초고령사회 연구: 새세대아카데미

에덴낙원에서는 아르스 비벤디를 위한 학술연구 및 문화확산에도 적극적으로 관심을 기울이고 있습니다. 신학 및 관련 분야 전문가들로 구성된 연구기관인 '새세대아카데미'를 설치하여 초고령사회에 대비하기 위한 학술연구를 다양하게 전개하고 있습니다. 고령화연구소는 한국 사회가 초고령사회로 전환된 시점에서 과연 무엇이 그리스도인다움을 구현하는 길이 될 수 있을지에 대한 고민을 학술적으로 연구하고 그 성과를 공유함으로써 한국교회에 공헌하고자 하는 노력이라고 할 수 있습니다.

　또한 복음의 증인이 되기 위한 '새세대윤리연구소'를 통해 그리스도인다운 삶의 가이드를 제시하고 있습니다. 이는 예수 내러티브 윤리를 적용한 복음의 증인이 되는 삶을 위한 아르스 비벤디 추구라고 할 수 있겠습니다. 이 연구소는 비난과 정죄와 심판이 넘쳐나는 세대에서, 하나님의 긍휼을 기억하면서 용서와 감사의 윤리를 구현하기 위한 모색에 최선을 다하고 있습니다.

　이러한 자료들을 보급하기 위해 '도서출판 새세대'를 통해 관련된 번역서와 학술자료를 출판하여 널리 보급하고 있습니다. 초고령사회에 대비하기 위한 기독교적 성찰을 비롯하여, 에덴낙원을 통한 부활소망과 쉼의 인문학을 위한 모색, 나아가 삶과 죽음에 관한 기독교적 성찰의 방향성을 모색하는 다양한 성과를 펴내고 있습니다. 이러한 노력을 통해 삶과 죽음에 관한 성찰이 깊어지고, 한국교회 안에서 이 문제에 대한 바람직한 대안들을 위한 논의가 더 활발해질 수 있기를 기대하고 있습니다.

2) 쉼의 인문학이 있는 시설: '에덴 파라다이스 리조트'

에덴낙원의 중요한 인프라는 대부분 리조트 시설입니다. 지역의 명소가 되기 위한 노력도 참고할만한 부분이지만, 여기에 복음적 관점이 적용되고 있다는 사실을 간과해서는 안 됩니다. 에덴 파라다이스 리조트는 '산 자'와 '죽은 자'가 한 공간에서 기억을 통해 연결되며, 복음 안에서 쉼(안식)을 얻기 위한 시설이라고 할 수 있습니다. 정성을 다해 관리되는 산책로와 유럽식 정통 차(tea)문화를 향유할 수 있도록 배려된 '티하우스 에덴' 또한 쉼을 통한 삶의 추구 혹은 아르스 비벤디를 위한 노력이라고 할 수 있겠습니다.

3. 아르스 모리엔디에서 아르스 비벤디로

여기에 소개한 에덴낙원은 이 책에서 다룬 아르스 모리엔디에서 아르스 비벤디로 나아가는 방향성을 구체화했다는 점에서 의의가 크다고 하겠습니다. 루터의 아르스 모리엔디를 계승하면서도 임종 지침서에 한정하기보다 그 영역을 확장하여 내러티브 윤리를 적용한 사례라는 점에 특별한 의의가 있습니다. 예수 내러티브 윤리에 의해 삶과 죽음의 문제를 풀어낸 가장 구체적인 노력이라는 사실에 주목해야 할 것 같습니다.

삶과 죽음은 모두에게 보편적인 과제입니다. '잘 죽기' 위해 혹은 '좋은 죽음'을 위해 아르스 모리엔디를 추구했다면, '잘 살기' 위한 아르스 비벤디의 노력 또한 수반되어야 함을 기억해야 합니다. 그것은 단지 임종 지침서 내지는 윤리적 의무감을 지워주는 것에 그쳐서는 안 되고, 내러티브를 지닌 것으로 지평을 확장해야 합니다. 개인의 사사로운 내러티브가 아닌 예수 내러티브에 근거한 아르스 모리엔디와 아르스 비벤디를 추구하는 노력으로 나아가야 한다는 사실에 더욱 주목해야겠습니다.

참고문헌

김명숙. 「한국인의 죽음에 대한 인식과 태도에 관한 철학적 고찰」. 『유학연구』 22, 2010, 73-108.

김선영. 「16세기 프로테스탄트 개혁가 마르틴 루터의 죽음관」. 『한국교회사학회지』 45, 2016, 89-118.

김현수. 「스탠리 하우어워스의 교회 윤리 비판적 읽기」. 『기독교사회윤리』 21, 2011, 31-70.

문시영. 『생명윤리의 신학적 기초』. 성남: 궁휼, 2012.

_____. 『죽음의 두려움을 이기는 세븐 게이트』. 성남: 북코리아, 2019.

_____. 「고통의 문제에 대한 덕 윤리의 통찰: 하우어워스를 중심으로」. 『장신논단』 52(5), 2020, 131-152.

박정근. 「중세 후기 아르스 모리엔디와 루터의 개혁: 중세 아르스 모리엔디 문헌과 루터의 『죽음 준비의 설교』를 중심으로」. 『한국교회사학회지』 64, 2023, 45-84.

_____. 「독일 경건주의의 기원 요한 아른트의 아르스 모리엔디」. 『한국교회사학회지』 65, 2023, 61-89.

새세대윤리연구소 편. 『존엄사, 교회에 생명의 길을 묻다』. 성남: 북코리아, 2009.

이만희. 「스페인 르네상스와 반종교개혁기의 죽음에 대한 비교 연구」. 『세계문학비교연구』 20, 2007, 281-301.

_____. 「스페인 중세 '아르스 모리엔디' 연구: 『좋은 죽음을 맞이하는 법과 짧은 고해 규범』을 중심으로」. 『중남미연구』 28(1), 2009, 27-52.

_____. 「스페인 17세기 비 성직자의 아르스 모리엔디 연구: 미겔 데 마냐라의 『진실에 대한 담론』을 중심으로」. 『외국문학연구』 43, 2011, 237-256.

전창희. 「한스 프라이의 초기 내러티브 신학에 대한 연구」. 『한국조직신학논총』 43, 2015, 109-141.

정수경·강현석. 「내러티브 개념의 다양성 탐구」. 『내러티브와 교육연구』 3(1), 2015, 23_45.

주나미. 「중세 팬데믹 시대 직후에 나타난 죽음에 대한 성찰: 15세기의 『죽음의 기술』 긴 유형 사본을 중심으로」. 『프랑스사연구』 51, 2024, 5-51.

Brooks, Peter. *Seduced by story*. 백준걸 역. 『스토리의 유혹: 내러티브의 사용과 남용』. 서울: 앨피, 2023.

Hauerwas, Stanley. *A Community of Character*. 문시영 역. 『교회됨』. 성남: 북코리아, 2010.

_____. and Charles R. Pinches, *Christians among Virtues: Theological Conversations with Ancient and Modern Ethics*. Notre Dame, IN: University of Notre Dame Press, 1999.

_____. and Samuel Wells. eds., *The Blackwell Companion to Christian Ethics*. Oxford, UK; Wiley-Blackwell, 2006.

_____. and William Willimon. *Lord, Teach Us*. 이종태 역. 『주여 기도를 가르쳐 주소서』. 서울: 복있는 사람, 2008.

_____. Carol B. Stoneking. Keith G. Meador. and David Cloutier. eds., *Growing Old in Christ*. 이라이프아카데미 역. 『그리스도 안에서 나이 듦에 관하여』. 서울: 두란노, 2021.

_____. *Character and the Christian Life: A Study in Theology Ethics*. Noter Dame, IN: University of Notre Dame Press, 1985.

_____. *Cross-Shattered Christ*. 신우철 역. 『십자가 위의 예수』. 서울: 새물결플러스, 2009.

_____. *Cross-Shattered Church*. Grand Rapids, MI; Brazos Press, 2009.

_____. David Burrell & Richard Bondi. eds., *Truthfulness and Tragedy: Further Investigations into Christian Ethics*. Notre Dame, IN: University of Notre Dame Press, 1977.

_____. *God, Medicine, and Suffering*. Grand Rapids, MI; Eerdmans Publishing, 1994.

_____. *Hannah's Child: A Theologian's Memoir*. 홍종락 역. 『한나의 아이』. 서울: IVP, 2016.

_____. *The Character of Virtue*. 홍종락 역. 『덕과 성품』. 서울: IVP, 2019.

_____. *The Peaceable Kingdom*. 홍종락 역. 『평화의 나라』. 서울: 비아토르, 2021.

_____. "Why Truthfulness Requires Forgiveness," in Stanley Hauerwas, John Berkman, Michael G. Cartwright, eds., *The Hauerwas Reader* (Durham, NC: Duke University Press, 2001), 307-319.

Forcén, Fernando. "Ars Moriendi: Coping with death in the Late Middle Ages." *Review Palliat Support Care* 14(5), 2016, 553-560.

Gillman, John. "Memoirs and the Ars Moriendi." *Pastoral Care Counsel* 73(3), 2019, 160-168.

Kagan, Shelly. *Death*. 박세연 역.『죽음이란 무엇인가?』. 서울: 웅진지식하우스.

McGrath, Alister. *Narrative Apologetics*. 홍종락 역.『포스트모던 시대, 어떻게 예수를 들려줄 것인가?』. 서울: 두란노, 2020.

Nigien, Dennis. "The art of dying: in Luther's sermon on preparing to die." *The Heythrop Journal* 49(1), 2009, 1-19.

Riso, Mary. *The Narrative of the Good Death: The Evangelical Deathbed in Victorian England*. London: Routledge, 2016.

Seligman, Martin E. P. *Authentic Happiness*. 김인자·우문식 역.『마틴 셀리그만의 긍정심리학』. 서울: 물푸레, 2014.